Wenn nicht nie - dann jetzt!

Weitere Bücher von Michael Barnett

Titel in Deutsch:

Energie und Transformation (1981)
Handbuch für die Kunst des Springens (1987)
Der Soma Weg (1987)
Es gibt nichts Besseres (1987)
Der Himmel ist um die Ecke (1988)
Ferien in Teufels Küche (1989)
Falltür ins Grenzenlose (1990)
Der menschliche Diamant (1991)
Diamant Yoga Meditations Handbuch (1992)

Titel in anderen Sprachen:

People, Not Psychiatry (1973)
Energy and Transformation (1981)
The You Book (1981)
Budding your Buddha (1982)
As It Is Is It (1982)
Nobody Knows My Name (1985)
Hints on the Art of Jumping (1986)
The Soma Road (1986)
The Greatest Teaching There Is (1987)
Song of the Wild Goose (1987)
At Heaven's Gate (1988)
This Other Cup Of Purple (1988)
In the Quinx (1988)
Modern Times (1989)
The World as Child (1990)
The Arrow of Man (1991)
Waking Up! (1991)
Diamond Yoga Meditation Handbook (1992)
Zero Days (1992)

Mod Havet (1987)

Persone, non Psichiatria (1980)
Soma - La Via Bellissima (1988)
Entrando in una favola vera (1988)
Nel Quinx (1991)

Dansen naar transformatie - Een visie op energie (1989)

Wenn nicht nie - dann jetzt!

von
Michael Barnett

CEC 1992

Deutsche Erstveröffentlichung 1992
von Cosmic Energy Connections (CEC)
für The Wild Goose Company Association
Postfach 315, CH - 8044 Zürich

Titel der englischen Originalausgabe:
"Waking Up!"

Herausgeberin der deutschen Ausgabe: Astarte
Übertragung aus dem Englischen: Astarte
Mitarbeit bei der Übertragung: Feloni, Meritus, Natsu Tsuki
Gestaltung: Astarte, Umschlaggestaltung: Manasa
Fotos: Jnani
Druck & Bindung: Druckerei Kusche, D - 8867 Oettingen

ISBN 3-905 276-21-6

Für San Chi

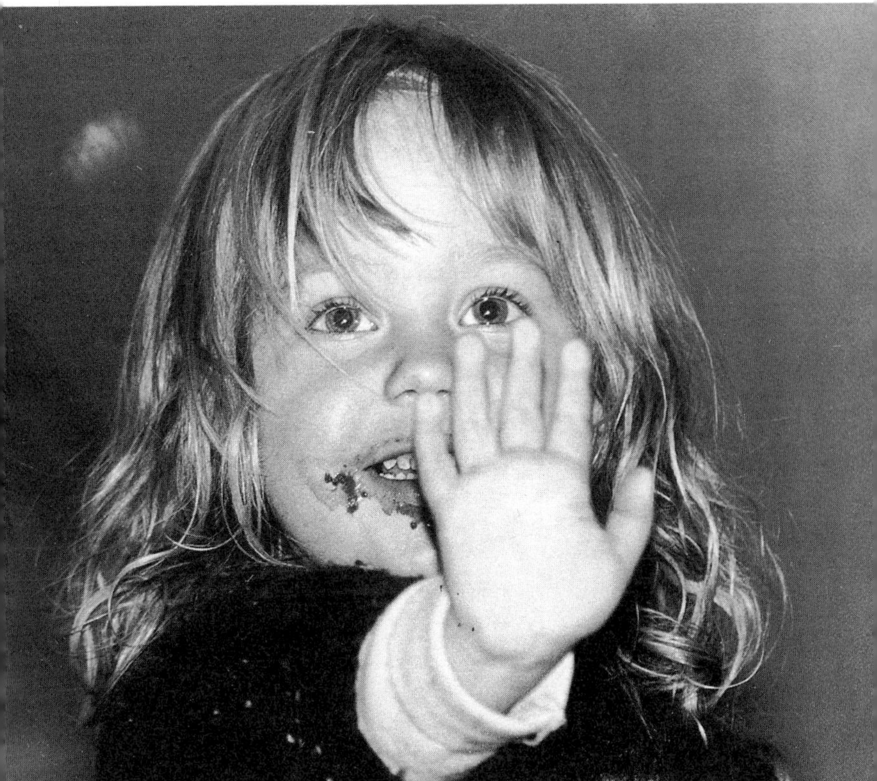

möge ihr Auge niemals schlafen

Ich achte es nicht, daß mein Meister
viele Tugenden auf dem Weg besaß,
aber ich schätze die Art, wie er mir nicht alles erklärte.
Wenn er mir alles erklärt hätte,
wie könnte ich dann heute hier sein?

Zen Meister

Alle Gedanken sind eine Reaktion auf eine bestimmte Weise, die Dinge zu sehen.

Das zeigt sich in allen Worten.

Im August und September 1991 erkannte ich, daß alle Vorstellungen Teil eines Traumes sind, und daß der Ausgangspunkt dieses Traumes die Vorstellung ist, daß wir als ein Kontinuum mit einer Geschichte existieren. Dabei ging es mir vor allem um das Aufwachen aus diesem Traum.

Also sprach ich darüber.

Jetzt, nur ein paar Wochen später, stimme ich mit dieser Sichtweise überein, aber sie ist nicht mehr das Wesentliche. Was jetzt wesentlich erscheint, ist, überhaupt keine bestimmte Sichtweise zu haben.

Trotzdem, lassen wir es stehen.

Bis zum nächsten Mal!

MB

Inhalt

VORWORT

Dieses Buch ist ein Buch für alle, für die das Leben eine Entdeckungsreise ist, ein Buch für jeden, der sein Leben nicht verschlafen will, verstrickt in Unmengen von Problemen oder komplizierten Zukunftsplänen, es ist ein Buch für Sucher, die auf der Suche nach Lebendigkeit und Wachheit sind, auf der Suche nach Wahrheit - ihrer tieferen Wahrheit und der letztendlichen Wahrheit.

Aber es ist nicht immer leicht diesem Weg zu folgen. Und die Versuchung ist groß, das Ganze ein wenig aufzuschieben und noch ein wenig länger zu schlafen, noch ein wenig länger den eigenen Träumen nachzuhängen. Manchmal scheint das Leben so viel einfacher, wenn wir in unserer Traumwelt leben, die wir uns so wunderschön ausmalen können, mit idealen Menschen, idealen Beziehungen, in einer idealen, heilen Welt - und natürlich mit uns mitten drin als ideale, ewig glückliche Partner ohne Sorgen und Schwierigkeiten. Nur wenn dann die Wirklichkeit in diese Traumwelt einbricht - was unvermeidlich ist - dann bricht alles zusammen, dann gibt es Probleme, Leiden und Elend oder einfach Langeweile. Aber auch von unseren

Alpträumen mögen wir uns nicht trennen, von unsereren Erwartungen, daß wir eh immer nur Furchtbares erleben werden, von unseren schrecklichen Erinnerungen, die wir immer wieder aufs Neue beleben, von unseren Gewohnheiten, an denen wir so vehement festhalten, obwohl sie uns anöden. Jeder Traum scheint uns lieber zu sein als kein Traum, als ein Leben ohne Träume - denn die Träume sind uns zumindest vertraut.

Das Bild vom Leben als Traum ist ein oft benutztes Bild in allen Lehren, die einem transzendentalen Standpunkt einnehmen. In diesem Zusammenhang werden diejenigen, die eine bestimmte Beziehung zur Realität gefunden haben, die die Träume durchschaut haben, und die erkannt haben, wie die Dinge wirklich sind, als Erwachte oder Erleuchtete bezeichnet, und der Moment in dem diese Erkenntnis stattfindet, wird Erwachen oder Erleuchtung genannt.

Das Schöne an diesem Buch ist, das es deutlich macht, daß die Suche nach Erleuchtung nicht etwas Abgehobenes ist, dem sich nur wenige, auserwählte Menschen widmen, sondern daß der Weg dorthin identisch ist mit dem, was jeder macht, der sich ernsthaft mit sich selbst auseinandersetzt, und der auf der Suche danach ist, sein Leben zu verändern; denn jede wirkliche Arbeit an einem selbst ist im Prinzip, in der Essenz, genau die gleiche wie die, die Sucher in vielen spirituellen Traditionen seit Jahrhunderten tun.

Und wenn du nicht beschlossen hast, nie aufzuwachen, nie erleuchtet zu werden, dann ist jetzt die richtige Zeit für dich aufzuwachen. Nicht erst morgen oder nächste Woche oder im nächsten Leben, sondern hier und jetzt, dort wo du gerade bist, genau in diesem Moment.

Aber es erfordert Mut, sich auf diesen Weg zu begeben, hin zu einem Leben ohne Träume, ohne Sicherheiten, ohne klare Vorstellungen davon, was als nächstes passieren wird; denn wach sein heißt, wirklich im Moment zu leben und sich jederzeit von dem überraschen zu lassen, was als nächstes geschieht - und das macht häufig erst einmal Angst.

Deshalb sind Bücher wie dieses und Lehrer wie Michael Barnett, der seit Jahrzehnten Tausenden von Menschen auf ihrem spirituellen Weg eine große Hilfe und Inspiration ist, so wichtig. Denn sie machen Mut und geben immer wieder Anregungen und Anstöße dazu, die eingefahrenen Gleise in unserem Leben zu verlassen. Sie zeigen, wieviel Probleme und Schwierigkeiten sich aus einem Leben voller Träume ergeben, und wie leicht und um wie vieles schöner das Leben sein kann, wenn wir aus diesen Träumen aufwachen, wenn wir unsere Vorstellungen davon aufgeben, wie die Realität sein sollte, und stattdessen einfach nur darauf reagieren, was jetzt - im Moment - geschieht.

Dieses Buch ermutigt dazu, wach zu sein, einfach da zu sein, wirklich hier und jetzt zu leben und alle Träume aufzugeben, sowohl unsere Alpträume wie auch unsere schönsten Träume, und sich dem zu stellen, was wir vorfinden. Es zeigt, wieviel schöner und lebendiger ein Leben ohne Träume sein kann, denn die Wirklichkeit, so wie sie ist, ist ungeheuer aufregend und jederzeit neu.

Astarte

HINWEIS

Alle Texte in diesem Buch sind in einer kuzen Periode von wenigen Wochen im Spätsommer 1991 im Umfeld der *Michael Barnett Energy University* entstanden.

Michael Barnett, der Gründer und das Herz der *Energy University*, lebt hier mit seiner Familie und einem internationalen Kreis von Freunden und Besuchern.

An diesem Ort ist ein starkes Energiefeld entstanden, eine spirituelle Gemeinschaft; hier wird Michael Barnetts Lehre gelebt und direkt vermittelt. Die Schwingungen, die von ihm, einem modernen, erleuchteten Meister ausgegeben werden, und dieses Energiefeld bilden eine starke, transformierende Kraft, die zusammen mit seinen Worten viele seiner Schüler auf ihrem spirituellen Weg zu tieferer Wahrheit bringt, zu sich selbst, zu einem Punkt in sich selbst, an dem sie mit allem verbunden sind.

Das Buch ist hauptsächlich aus Vorträgen und Gesprächen

entstanden, die Michael Barnett mit Besuchern und Bewohnern der *University* im *Tuning In* geführt hat.

Das *Tuning In* findet regelmäßig jeden Abend an der *University* statt. Es ist eine Zeit, in der sich Michael und alle, die sich gerade an der University aufhalten, treffen; eine Zeit, in der vieles geschehen kann: tiefe Stille, Vorträge, Musik, Energiearbeit mit der ganzen Gruppe oder mit Einzelnen. Oft antwortet Michael auch auf Fragen oder Briefe und spricht zu denen, die ihn um eine Sitzung gebeten haben oder zu denen, die am nächsten Tag die *University* wieder verlassen, um ihnen Ratschläge für ihren weiteren Weg zu geben.

Viele, aber keineswegs alle Anwesenden sind *Geese,* d.h. sie haben einen spirituellen Namen von Michael Barnett bekommen und sind dadurch Mitglieder der *Wild Goose Company* geworden.

Wegen dieses intensiven, lebendigen Umfelds gibt es überall im Buch Verweise auf Einzelpersonen und Geschehnisse, mit denen der Leser vielleicht nicht vertraut ist. Es ist aber unmöglich, alle diese Verweise zu entfernen, ohne die Kraft und die Atmosphäre der Worte zu verlieren. Aber da alle diese Texte für jeden, der in seinem Leben nach etwas sucht, von Bedeutung sind, besteht die Hoffnung, daß die persönliche Ausrichtung vieler ausgewählter Stellen ihren Wert für den Leser nicht mindern werden.

DAS KIND MIT DEM BADE AUSSCHÜTTEN

Es gibt ein wunderschönes Gedicht von dem dritten Zen Patriarchen Sosan. Zwei Zeilen daraus lauten:

"Wenn das Auge niemals schläft,
hören alle Träume von selbst auf."

Was ist das für ein Auge, das niemals schläft? Es ist nicht das Auge, das du im Kopf hast. Es kann auch nicht das Auge sein, das als dein Beobachter fungiert, der weiß, was du tust. Noch kann es das Auge der Bewußtheit sein.

Denn alle diese Augen schlafen. Die Augen in deinem Kopf schlafen immer, wenn du sie schließt. Das Auge deines Beobachters schläft immer, wenn du dich nicht beobachtest, wenn du vergißt zu beobachten, was du tust. Und außerdem schläft es ohnehin, wenn du schläfst, denn es kommt sehr selten vor, daß man die eigenen Träume beobachtet, während man träumt.

Aber es hat auch keine große Bedeutung, wenn es beim Träumen dem Auge des Bewußtseins gelingt, wach zu bleiben, sodaß du weißt, was du träumst - nicht erst wenn du aufwachst, sondern schon *während* du träumst. Das ist möglich, ich habe es selbst erlebt, man kann sich selbst so trainieren, daß man jederzeit dazu fähig ist. Aber was passiert, wenn du im Tiefschlaf bist und nicht träumst?

Von welchem Auge spricht Sosan, wenn er sagt: "Wenn das Auge niemals schläft, hören alle Träume von selbst auf?" Er deutet an, daß es für dieses Auge möglich ist, niemals zu schlafen. Aber weißt du, was das für ein Auge ist? Es kann sich nicht um eines der Augen handeln, die ich erwähnt habe. Aber was für ein Auge, das niemals zu schlafen braucht, hat jeder von uns sonst?

Weißt du das?

Du weißt es nicht.

Aber du solltest es wissen. Du kannst deine spirituelle Reise nur beenden, wenn du die Antwort auf diese Frage kennst.

Das Schöne an dieser Aussage ist, daß sie nicht auf ein Auge hinweist, das du nicht kennst, sondern daß sie klar macht, daß alle Augen - sowohl die Augen als auch die Ichs (*engl. eyes and I's*) - die oft schon für die letzte Wahrheit gehalten werden - keineswegs das Ende der Reise sind. Denn alle diese Augen - und Ichs - kommen und gehen.

Und kommen und gehen ist das gleiche, wie wach sein und schlafen - genau das gleiche. Wenn deine Bewußtheit mal da ist und mal nicht, dann schläft sie, wenn sie nicht da ist; und wenn sie da ist, ist sie wach.

Also, was ist das nun für ein Auge? Um das herauszufinden,

werden wir uns ihm langsam annähern. Es ist nicht eines jener kleinen Augen, die sich um die Details in deinem Leben kümmern, und die sagen: "Dies ist meine Aufgabe, ich muß sie erledigen, also bereite ich mich auf das vor, was ansteht." Diese kleinen, unbedeutenden Augen sind notwendige Augen, aber selbst wenn du sie öffnest, hast du noch immer nicht jenes Auge gefunden, von dem Sosan spricht, wenn er sagt: "Wenn das Auge niemals schläft, hören alle Träume von selbst auf." Er weist die Richtung, in der ein solches Auge zu finden ist.

Hier ist eine Sufi Geschichte:

Ein junger Mann geht bei einem Sufi Meister in die Lehre. Im allgemeinen haben Sufi Meister keine Ashrams, sie bauen keine Gemeinschaften um sich herum auf, sie haben keine Tempel, in denen Mönche leben. Sufi Meister arbeiten meistens mit einer oder zwei Personen - mit Lehrlingen, wie sie sie nennen.

Dieser Sufi Meister war also nur ein gewöhnlicher Mensch in der Welt. Er war, genauer gesagt, ein Schuhmacher, aber er war auch ein Meister. Das ist überhaupt kein Widerspruch.

Also er nimmt den jungen Mann als Lehrling auf. Er zeigt ihm den Raum, in dem er wohnen, und einen Platz, wohin er seine Sachen legen soll, und wünscht ihm eine gute Nacht. "Die Arbeit beginnt morgen früh."

Am Morgen wird der Lehrling auf eine recht rüde Art

geweckt: Der Meister kommt in sein Zimmer, schmeißt ihn aus dem Bett, indem er die Matratze anhebt und umdreht und ihn so auf den Fußboden befördert. Eine nicht gerade freundliche Art, seinen neuen Lehrling zu begrüßen. Er sagt kein Wort, er geht einfach hinaus.

Am nächsten Morgen passiert dasselbe wieder, am übernächsten Morgen auch. Jeden Morgen dieselbe Geschichte: Der Lehrling findet sich auf dem Boden wieder, geweckt dadurch, daß der Meister ihn zusammen mit der Matratze aus dem Bett geworfen hat.

Dann, ungefähr am zehnten oder elften Morgen, kommt der Meister herein, um die Matratze zu ergreifen, und der Lehrling wacht auf - er fühlt den Meister kommen oder hört ihn oder nimmt sein Kommen sonst irgendwie war - und setzt sich auf. Der Meister spricht das erste Wort seit der Ankunft des Jungen. Er sagt: "Gut!"

Der Junge, da er intelligent ist, versteht die Botschaft: "Aha, das ist die Lehre. Es muß etwas mit Bewußtheit zu tun haben, mit Wachsamkeit. Es muß etwas mit einem Auge zu tun haben, das nicht einschläft, selbst wenn ich schlafe. Ich habe geschlafen. Aber etwas in mir hat mich gewarnt, daß dieser Bastard von Meister wieder im Begriff war, mich reinzulegen."

Der Meister kämpft nicht, er sagt nur: "Gut."

An den darauffolgenden Morgen, jedesmal, wenn der Meister kommt, um sein Werk zu vollbringen, ist der Lehrling schon wach.

Ein paar Tage später sitzt er aufrecht im Bett, als der Meister hereinkommt.

Und noch ein paar Tage später ist er bei seiner Ankunft schon angezogen.

Schließlich kommt der Meister herein, und sobald er die Tür zum Schlafzimmer des Lehrlings öffnet, ruft der Lehrling: "Hah!" Diesmal sagt der Meister: "Sehr gut!"

Er hatte den Meister gehört - oder ihn *gefühlt* - als er den Korridor entlang kam. Er stimmt sich also mehr und mehr auf die Schwingungen des Meisters ein - der einzige Weg für ihn zu überleben - so kann er das Kommen des Meisters fühlen, schon bevor er die Tür öffnet. Das ist sehr gut.

Der Meister spielt das Spiel weiter. Eines Morgens öffnet der Meister seine eigene Tür am anderen Ende des Korridors, und der Lehrling ruft: *"Hah!"*

Der Meister sagt: "Sehr, sehr gut!"

Und dann geht der Lehrling zu weit! Er schleicht sich eines Morgens schon sehr früh hinaus. Er sagt sich: "Heute werde ich den Meister aus dem Bett werfen!"

Er öffnet die Tür und geht hinein. Er hört Schnarchgeräusche. Er geht zum Bett und will es umwerfen. Gerade als er dabei ist, taucht der Meister hinter ihm auf und wirft *ihn* um, mitten auf's Bett. Er hatte einen Teppich oder etwas ähnliches zusammengerollt und ins Bett gelegt, und als der Lehrling das Bett umwerfen wollte, warf er *ihn selbst* um.

Jetzt muß er also lernen, daß es nicht um eine Bewußtheit geht, die auf nur *eine Sache ausgerichtet ist*, sondern um eine, die *alles umfaßt.* Der ganze Fehler bestand darin, daß er sich nur einer *einzigen* Sache bewußt war, nämlich der, daß der Meister versuchen würde, ihn aus dem Bett zu werfen. Er machte solange Fortschritte in diesem Bereich, bis er das Bett des Meisters erreichte, aber er hatte vergessen, daß noch andere Dinge geschehen, neben dem, was im Bett vor sich geht. Der Meister hatte sich hinter den Vorhängen versteckt, denn er hatte die Gedanken des Lehrlings *gelesen*; und da er *wußte*, daß er diese Nummer versuchen würde, legte er einen zusammengerollten Teppich ins Bett, damit es so aussah, als ob er es wäre, und stürzte sich dann auf den Lehrling.

So muß nun der ganze Unterricht von vorne beginnen: Wie gelangt man zu einer allumfassenden Bewußtheit? Eine Bewußtheit, die alles um euch herum erfaßt: hinten, vorne, seitlich, überall.

Das ist eine Lektion darüber, wie man dem Auge näher kommt, das niemals schläft, sodaß alle Träume aufhören.

Soweit die Sufi Geschichte. Nun eine bekannte Zen Geschichte:

Ein Meister hält seine Nachmittags-Siesta im Tempel. Da ertönt ein lautes Klopfen an der Tür; so laut, daß es den Meister weckt. Der Meister fragt: "Wer ist da? Was ist los?"

Eine Stimme hinter der Tür antwortet: "Meister, Meister, es brennt!"

Der Meister fragt: "Wo brennt es?"

"In der Küche, Meister."

"In der Küche? Oh, bitte weck mich auf, wenn es bis an meine Tür gekommen ist." Und er dreht sich um und schläft wieder ein.

Es brennt in der Küche, auf der einen Seite des Korridors, und der Meister befindet sich in seinem Schlafzimmer am anderen Ende. "Warum störst du mich? Das Feuer ist am anderen Ende des Korridors, in der Küche. Weck mich auf, wenn ich darauf reagieren muß. Wenn du mir sagst, es ist vor meiner Tür, springe ich aus dem Fenster - fertig!"

Aber nein, nein. Etwas wird demnächst passieren.

Wir haben Leute hier, die den Meister wecken würden, wenn ein Haus in Verbania Pallanza brennt! (*Die nächstgelegene Stadt, 15 km entfernt.*) Bathusalah würde vielleicht herumlaufen und jeden fragen: "Was machen wir nur? In Verbania Pallanza brennt es."

Akashi würde eine Besprechung einberufen und mit jedem diskutieren: "Was machen wir jetzt? Das Feuer kommt näher. Was passiert, wenn es sich ausbreitet... ? Andererseits könnte es sich in östlicher Richtung bewegen... Wenn es aber in Richtung Süden zum See käme, dann würde folgendes passieren: Es könnte über den See springen, zurück auf die andere Seite gelangen..." Er könnte ein ganzes Buch über die Möglichkeiten schreiben, wie das Feuer hierher kommen könnte.

Jeder lebt in einer Traumwelt. Es sind nur Träume. Es ist, als ob du Kaugummi im Kopf hättest und diesen genüßlich kauen würdest - wißt ihr, wie die Kinder damit umgehen? Sie machen große Blasen und ziehen den Kaugummi in alle möglichen

Richtungen auseinander... Genau das gleiche macht ihr auch.

"Was passiert am Donnerstag in einer Woche? Wir müssen das jetzt organisieren." Den Kaugummi gut durchkauen.

Die ganze Zeit, in der ihr euch darüber Sorgen macht, was passieren wird, wenn... seid ihr einfach dabei, ganz tief zu schlafen. Denn "Was passiert, wenn..." hat nichts mit der Realität zu tun. Aber *dieser* Ton, *dieses* Blau, *dieser* Atemzug, *dieser* Schweiß auf meiner Stirn und auf meiner Hand, *diese* Fliege, die hier sitzt - *das* ist Wirklichkeit.

Nur wenn du damit in Kontakt bist, existierst du wirklich. Natürlich ist die Fliege trotzdem da, egal ob du sie bemerkst oder nicht, und auch du bist trotzdem da; aber du bist nicht dabei, d.h. das Zentrum, von dem aus du handelst, die Warte, von der aus du die Wirklichkeit betrachtest, und dein Nest, von dem aus du Erfahrungen machst, sind nicht dabei. Alles spielt sich in deinem Kopf ab, der darüber spekuliert, was passieren könnte, wenn...

Aber wenn du das machst - wie so viele Leute hier, allerdings manche mehr als andere - dann bist du weit entfernt von Sosans Auge, das niemals schläft, und damit auch weit entfernt davon, daß deine Träume aufhören.

Aber der *größte* Traum von allen, der Traum, auf dem alle diese Träume basieren, ist der Traum, daß du *bist* - daß du überhaupt bist. Das ist der Traum, der allem *zugrunde liegt*: Der Traum, daß du jemand bist, der träumen muß, der Träume *hat*.

Nicht nur der *Film* ist der Traum, sondern auch der Projektor.

Es gehört *alles* zum Traum dazu. All das Channelling in den esoterischen Kreisen, all die Arbeit mit Tarotkarten, Kristallen und tausend anderen Utensilien, alles Dinge für Träumer. Neue Träume, spirituelle Träume.

Ein Zen Meister sagte: "Als ich mich für den spirituellen Weg entschied, gab ich die Welt auf und begann mit meiner Suche. Doch dann entdeckte ich, daß das, was ich auf der spirituellen Suche fand, ungefähr so wertvoll war wie gebrauchtes Abwaschwasser. Also schüttete ich auch das weg."

Das alles sind nur Dornen, die dich davon abhalten, die Rose deines Wesens zu finden.

Gyan ist ein Schauspieler, der zu einem kurzem Besuch an die University kam. Zum Abschied fragt Michael:

Nun, was wirst du machen, wenn ich aufhöre, dich anzusehen?

Du wirst sagen: "Jetzt ist es vorbei. Es ist zu Ende."

Aber es ist nie vorbei. Nichts ist jemals vorbei. *Es* hört niemals auf. Kein Kommen und kein Gehen - was kommt nie und geht nie? Wir haben uns kurz getroffen, und bald wirst du wieder fort sein. Für dich ist es ein Ereignis, das auf dich zugekommen ist, und das jetzt wieder zu Ende geht.

Aber du mußt den Ort finden, an dem es kein Kommen und kein Gehen gibt, Gyan. Keinen Anfang der Show und kein Ende. Keinen Anfang des Films und kein Ende des Films.

Sieh dich jetzt ruhig nach einem neuen Film um, oder einer neuen Rolle in einem neuen Stück oder in einem neuen Film. Es ist nichts falsch daran - jeder muß etwas tun in dieser Welt, das ist gut so. Aber gleichzeitig mußt du die Show suchen, die niemals aufhört. Nicht einmal wenn du stirbst.

Da jeder von uns bereits absolut, vollkommen, ewig und unendlich ist und schon an der wahren Essenz der Existenz teilhat, wie willst du dann durch das Anhäufen von Dingen erst noch dorthin gelangen? Selbst wenn du alles im Rekordtempo von zehntausend Leben zusammensuchen würdest, wie willst du den wirklichen Sinn des Lebens erkennen, der sich in einer Ameise, in einem Käfer, in einem Vogel, in einem Fisch und in dem Wesen, das Mensch genannt wird, zeigt; und wie willst du diese Erkenntnis zusammen mit Unendlichkeit, Zeitlosigkeit, Eins-Sein, wahrer Schönheit, reiner Wahrheit anhäufen? Wozu all das Anhäufen?

AUF DER SUCHE NACH DEM DIAMANTEN

Tanji, ein Mann aus München, ist zu Besuch an der University. Er ist jung und gesund, sieht gut aus, ist angenehm im Umgang und scheint keine offensichtlichen Schwierigkeiten zu haben. Aber das entspricht ganz und gar nicht dem, wie er sich fühlt. Er schreibt an Michael:

Ich finde in meinem Leben keine richtige Lebensfreude. Es gibt keinen Sex, keine Frauen, kein Geld, kein Ziel, keinen Weg, keine Identität, keine Berufung, keinen Sinn. Mein Leben besteht eigentlich nur aus Depression, Leere und unendlicher Müdigkeit. Da ist nichts, das mir etwas bedeutet; nichts, das mein Leben lebenswert macht; und meinen Beruf hasse ich auch. Trotz alledem geht mein Leben weiter.

Es kommt mir vor, als ob eine unsichtbare Kraft bewirken würde, daß ich all die Dinge nicht habe, die andere in meinem Alter haben oder tun - wie zum Beispiel Sex.

Das Schlimmste ist die Einsamkeit. Ich war in meinem ganzen Leben allein.

Was kann ich tun? Gibt es überhaupt *etwas*, das ich tun

kann? Wie denkst du darüber? Was siehst du?

Das klingt furchtbarer als Macbeth! Man muß etwas tun, Tanji, selbst wenn du meinem Gefühl nach etwas übertrieben hast. Aber was?

Keine richtige Lebensfreude, kein Sex, keine Frauen, kein Geld, kein Ziel, kein Weg, keine Identität, keine Berufung, keinen Sinn. Nur Depression, Leere, unendliche Müdigkeit und einen Beruf, den er haßt. Nichts bedeutet ihm etwas, das Leben nicht lebenswert, völlige Einsamkeit.

Ich glaube, wenn wir Tanjis Problem lösen, können wir alle Probleme dieser Welt lösen, denn ich denke, daß sie alle darin enthalten sind. Tanji scheint alles zu haben, was Menschen als Probleme ansehen, alles zusammen in einer Person.

Aber in gewisser Weise geht es ihm besser als den Menschen, die nur ein paar Probleme haben. Denn Menschen, die nur ein paar Probleme haben - vielleicht einen Beruf, den sie nicht mögen, sich ein wenig verloren oder einsam fühlen, nur wenig Sex - sind nicht verzweifelt. Aber wenn man einen ganzen Haufen Probleme hat, wie Tanji, dann verzweifelt man.

Und wenn man verzweifelt ist, ist die Chance größer, daß etwas passiert, als wenn man nur normal benachteiligt oder traurig oder unglücklich ist. Denn dann sagt man nur: "Naja, es gibt Leute, denen es noch schlechter geht." Aber ich glaube, daß es nur sehr wenigen Menschen schlechter geht als Tanji, so wie er seine Situation beschrieben hat.

Ein französischer General soll einmal gesagt haben: "Meine Linke ist zurückgeworfen, meine Rechte zerschlagen, mein Zentrum hat die Flucht ergriffen. Die Lage ist ausgezeichnet: Ich greife an!"

Alles läuft vollkommen falsch, genau wie bei Tanji, und dieser französische General strahlt in die Runde: Die Lage ist goldrichtig, ich greife an.

Also, Tanji, du mußt angreifen. Aber wo, und wie?

Ich bin sicher, daß du versucht hast zu bekommen, was dir in deinem Leben zu fehlen scheint. Du bist nicht so schrecklich jung. Normalerweise findet man, wenn man sich nicht in einer sehr speziellen Lebenssituation befindet, im Lauf der Zeit zu einer gewissen Lebensfreude und trifft sehr wahrscheinlich auch einige Frauen. Wenn man nicht zu furchtbar aussieht, was bei Tanji nicht der Fall ist, hat man fast zwangsweise ein bißchen Sex. Auch ist es heutzutage nicht so schwer, ein wenig Geld zu verdienen. Die meisten Menschen finden etwas, nach dem sie streben können, auch wenn es nichts Endgültiges ist, selbst wenn es nur darum geht, mehr Geld zu verdienen.

Deshalb bin ich sicher, daß Tanji einiges versucht haben muß, um zu bekommen, was andere Leute haben; aber nichts scheint geklappt zu haben. Vielleicht, Tanji, ist es momentan in deinem Leben so - trotz der Tatsache, daß du in einem Alter bist, in dem, wie du sagst, alle Leute diese Dinge haben - daß diese Dinge einfach nicht für dich gedacht sind. Ich kann nicht glauben, daß dir nicht einige davon, wie zufällig auch immer, über den Weg gelaufen wären, wenn sie für dich anständen.

Wahrscheinlich hast du das Gefühl, daß du sie auch haben solltest, weil alle anderen sie genießen, und du in einem Alter bist, das am besten dafür geeignet ist, oder in dem solche Sachen die stärkste Anziehungskraft auf die meisten Menschen ausüben - ein toller Beruf, Frauen, Sex, Unterhaltung, Spaß. Deshalb bist du zu der Überzeugung gekommen, daß du sie haben *solltest*. Aber du hast sie *nicht*, und deshalb fühlst du dich zutiefst deprimiert.

Aber zu sagen, "Ich bin jung, und diese Dinge gehören zum Jungsein dazu", ist auch richtig. Andererseits ist niemand jung. Wir sind alle ewig, wir sind alle genau gleich alt.

Es ist schön, all diese Dinge zu haben, *wenn* man sie braucht. Sex ist großartig, wenn man ihn braucht. Aber wenn du all das nicht nötig hast, dann hast du auch überhaupt nichts versäumt.

Beziehungen sind wunderschön. Mit einem anderen Menschen in einer harmonischen Liebesbeziehung zu leben, sich von einem anderen Menschen geschätzt und geliebt zu fühlen; zu empfinden, daß du ihm wirklich etwas bedeutest; jemanden zu haben, der deine Gedanken lesen kann, bevor du sie ausgesprochen hast - der, wie beim Musizieren, in vollkommener Harmonie mit dir ist - all das macht die Freuden einer Beziehung aus. Aber wenn du keine Beziehung brauchst, und deshalb diese Freuden nicht erfährst, dann versäumst du auch nichts. Wenn du sie nicht nötig hast, dann hast du nichts versäumt.

Es ist wunderbar, einen Beruf in dieser Welt zu haben, der

einem große Befriedigung verschafft, und in dem man von seinen Kollegen und seinem Chef geschätzt wird. Es ist großartig, eine Arbeit zu haben, die dich begeistert, die dein Leben bereichert und aufregend macht. Wenn du weiter in diesem Beruf arbeitest und geschätzt wirst, wirst du später befördert und respektiert werden, weil du ein Experte geworden bist - das alles zu erleben ist wunderschön. Das ist eine der großen Belohnungen, die du im Leben bekommen kannst. Aber wenn du sie nicht nötig hast, dann ist dir nichts entgangen, wenn du sie nicht bekommst. Überhaupt nichts. Natürlich ist es toll, seinen Traumjob zu finden. Du mußt vielleicht viele Berufe ausprobieren, bevor du das Richtige für dich findest. Aber wenn du deine Berufung nicht zu finden brauchst, dann macht es überhaupt nichts, daß du sie nicht findest. Dir ist nichts entgangen.

Man sollte sich also fragen: Was brauche ich? Und nicht: Was haben anderen Leute? Nicht: Was glaube ich zu brauchen, was sollte ich eigentlich haben, was könnte mir gefallen? Sondern: Was brauche ich wirklich?

Wenn du alle diese Dinge nicht nötig hast, *und* sie sind *eigentlich* unnötig - Sex, Beziehungen, Befriedigung in der Arbeit, Berufung und alles andere, was nicht wirklich wichtig ist - wenn du es nicht brauchst, kannst du dir eine Menge Ärger ersparen.

Ich nehme nicht an, daß bis jetzt irgend jemand wirklich begriffen hat, was ich meine. Es klingt wie eine vollkommen destruktive Antwort an Tanji.

Ich werde euch einen kurzen Ausspruch des Zen Meisters Huang Po vorlesen, *dann* werdet ihr vielleicht eine Idee davon bekommen, was ich meine.

Huang Po sagt:

> Geblendet durch ihr eigenes Sehen, Hören, Fühlen oder Wissen können sie den spirituellen Glanz der Ursubstanz nicht wahrnehmen.

Das ist alles. Aber was bedeutet es?

Es bedeutet, daß *alle* diese Reize etwas mit den Sinnen zu tun haben. Es ist alles in Ordnung mit ihnen, sagt Huang Po. Er war ein sehr weltlicher Mann und keinesfalls in irgendwelchen Abstraktionen verfangen, trotzdem sagte er: Geblendet durch die Sinne, durch die Befriedigung, die ein Wesen durch die Sinne erfährt, *kann man den spirituellen Glanz der Ursubstanz nicht wahrnehmen.* Man wird abgelenkt.

Aber dieser Glanz der Ursubstanz ist wertvoller als jede Befriedigung, die du in der Welt bekommen kannst. Sie ist unabhängig davon. Sie ist eine natürliche Gegebenheit, die natürliche Nahrung, die gewöhnliche, ekstatische Lebendigkeit der Realität selbst, ohne daß etwas hinzukommen muß.

Die Ursubstanz hat nichts mit den Sinnen zu tun. Die Sinne sind nur Fenster; hier geht es um das, was auf der anderen Seite der Fenster ist.

Huang Po meint, und ich schließe mich dem an, daß an den sinnlichen Freuden überhaupt nichts falsch ist, aber daß man durch sie geblendet werden kann. Nicht nur *kann*, sondern man *wird* auch fast immer durch sie geblendet. Die ganze Menschheit ist von ihnen in den Bann gezogen, nur eine Handvoll Leute nicht. Nur sehr, sehr wenige Menschen entdecken überhaupt den Glanz der Ursubstanz.

Wenn du diesen Glanz der Ursubstanz gefunden hast, können alle Dinge, denen die Menschen nachlaufen, und um die sie sich betrogen fühlen, wenn sie sie nicht bekommen, *auch* genossen werden - es ist kein entweder/oder - sie können auch genossen werden, aber sie sind ein zusätzlicher Bonus. Wenn du keinen Erfolg hast, macht dir das auch nichts aus. Und selbst wenn du Erfolg hast, und er sich gleich wieder in Luft auflöst, ist dir das egal. Du läßt nicht zu, daß diese Liebe, diese Beziehung, diese Sexualität, dieses Interesse an einem Projekt dich fortreißt und blind macht für den Glanz der Ursubstanz. Das kann dir nicht passieren, denn du *bist* die Ursubstanz.

Es ist nicht so, daß du die Ursubstanz in den Händen hältst und du, wenn du all die anderen guten Sachen willst, erst deine Hände leeren mußt, um die Geschenke und Belohnungen der Sinne entgegennehmen zu können. Du *wirst* zur Ursubstanz, wenn du sie findest. Natürlich bist du sie jetzt schon, aber dann akzeptierst du das und erkennst, daß du letztendlich die Ursubstanz bist.

Danach hast du gesucht. Und dann entdeckst du, daß das, was du gesucht hast, nichts anderes als du selbst bist; daß der Sucher das Gesuchte ist. Du erkennst das, und du siehst, was es ist: Du erkennst in dem Moment, in dem du es findest, daß das, was du suchst, du selbst bist, dein ureigenes Selbst. Aus diesem Zustand heraus kannst du dann an allem teilhaben, woran du teilhaben willst, aber dann besteht keine Gefahr mehr, von diesen Dingen geblendet zu werden.

Menschen *lassen* sich davon blenden. Sogar *hier* werden Menschen durch solche Dinge abgelenkt, durch Beziehungen, in denen die Partner sich gegenseitig so aufsaugen, in denen sie soviel Energie für die Erhaltung der Beziehung verbrauchen, daß sie deshalb die ganze Zeit das Wesentliche verpassen. Sie wenden sich einfach von der Ursubstanz ab, die in diesem Hause vibriert, und damit natürlich auch von ihrer eigenen Ursubstanz. Verstrickt in einen tiefen Austausch mit einem anderen menschlichen Wesen.

Obwohl es mich traurig macht, greife ich nicht ein, außer indem ich es, wie jetzt, anspreche. Denn Beziehungen sind auch wunderschön.

Ich bin nicht dagegen. Ich habe selbst Beziehungen, aber ich werde nicht durch sie geblendet. Ich genieße sie. Ich gehe sie ein, und ich löse sie wieder.

Und trotzdem beende ich sie nie, denn wenn man in der Ursubstanz ist, ist man auf dieser Ebene mit jedem auf der Welt verbunden, besonders mit den Menschen, mit denen man eine starke Resonanz verspürt. Diese Resonanz bleibt bestehen, ob man mit ihnen zusammen ist oder nicht. Sie ist Teil der Ursubstanz.

Es ist möglich, daß Tanji ein Mensch ist, der vor diesen Fallgruben *bewahrt* wird, davor, so tief den sinnlichen Belohnungen und Freuden zu verfallen, daß er die Fähigkeit verliert, nach dem menschlichen Diamanten zu suchen.

Also ist mein Vorschlag an Tanji, daß er aufhören soll, all den Dingen nachzulaufen, die er aufgezählt hat, und daß er stattdessen versuchen soll, den Diamanten zu finden. Gib alles auf, verdiene etwas Geld, komm hierher - oder an einen ähnlichen Ort - und entdecke den Diamanten. Wenn du den Diamanten gefunden hast, Tanji, werden alle anderen Dinge auf dich niederregnen - wenn du sie brauchst.

Es ist mir klar, daß niemand hier meine Worte akzeptieren kann, ohne selbst eine entsprechende Erfahrung gemacht zu haben. Ich weiß das. Aber etwas von dem, was ich sage, weckt vielleicht etwas in euch, das sagt: "Ja, dieser Mann hat Recht." Ihr könnt mir nicht glauben. Ich erwarte das auch nicht. Ich hätte es selbst bis vor kurzem nicht getan. Aber es ist wahr.

Ich habe die meisten der schönen Dinge besessen, die das Leben im Überfluß bietet - Reisen, Geld, tolle Jobs und Tausende von Beziehungen; ich habe immer schöne Autos genossen. Fast alles, was ich haben wollte, als ich jung war, habe ich gehabt. Und alles war wunderschön.

Vielleicht habe ich durch die Befriedigung meiner Wünsche die Energie für das freigesetzt, was wirklich zählt. Aber trotzdem behaupte ich, daß du nichts versäumst, wenn du nicht durch das alles hindurch mußt. Denn wenn du den Diamanten findest, wirst du tiefe Zufriedenheit und Befriedigung spüren, und du wirst wissen, daß es sich um eine *endgültige* Befriedigung handelt. Wenn du *dieses* Gefühl von Befriedigung erfährst, so hat es den gewissen Geschmack - du weißt sofort, daß es *nie* verloren gehen wird. Diese Befriedigung wird weder morgen verschwinden, noch nächstes Jahr, noch dann, wenn sich alles ändert, wenn du dein Geld verlierst oder wenn dich deine Frau verläßt - n*ichts* wird sie *jemals* grundlegend beeinträchtigen oder angreifen oder verringern.

Also, wer will mit Befriedigungen herumspielen, die kommen und gehen? Obwohl das besser ist als gar nichts. Tanji hat gar nichts. Wer von euch diese Dinge hat, dem geht es besser als ihm. Aber was ist mit dem, das niemals kommt und niemals geht, und das immer da war?

Und dann findest du es, und es ist seiner ureigensten Natur nach ein Gefühl von absolutem Richtig-Sein und Daheim-Sein.

Geza ist ein ziemlich ernster Mann aus Wien, der aussieht, als ob er viele Sorgen hat.

Möchtest du etwas sagen? Bekümmert dich etwas?

Ich möchte sterben.

Der wahre Wunsch jedes Menschen - auch wenn er es noch nicht erkannt hat - ist es, keine Wünsche mehr zu haben. Du kannst das nicht glauben, denn Wünsche und Begierden scheinen so reich zu sein, und wenn wir bekommen, wonach wir streben, ist es so wunderschön. Aber der wahre Wunsch zielt darauf, keine Wünsche mehr zu haben, denn dann erfährst du Frieden; dann erfährst du Einfachheit, dann kannst du loslassen, dann ist alles 'einfach so'. Solange Wünsche da sind, kann es kein 'einfach so' geben. Irgend etwas *drängt* dich immer zu etwas anderem.

Deshalb ist der Wunsch zu sterben, den du in dir verspürst, ein wunderbarer Wunsch. Er bedeutet, daß du möchtest, daß das Ego stirbt. Du kannst deine Gefühle nicht so in Worte fassen, wie ich es tue, und sagen, "Ich will, daß mein Ego stirbt", denn du befindest dich auf der Ebene des Egos, und hier liegt der eigentliche Ursprung deines Wunsches.

Das ganze Projekt des Egos ist hoffnungslos. Es besteht darin, genau das zu bekommen, was es von der Welt will, und dann gibt es andere Menschen, die ganz genauso genau das bekommen wollen, was sie sich wünschen. Wie kannst du damit je Erfolg haben?

Es zeichnet Wahnsinnige, Tyrannen und Diktatoren aus, daß sie die Kraft aufbringen, durch Unterdrückung anderer, zu bekommen, was sie wollen. Aber kein Tyrann war je glücklich oder zufrieden. So geht es also nicht.

Stimm dich weiter auf das Energiefeld hier ein. Denn wenn man fühlt, daß man sterben will, und sonst nichts weiter da ist, nimmt man das leicht wörtlich. Man begeht vielleicht Selbstmord, oder man hat das Gefühl, daß man die Erde einfach verlassen möchte.

Ernest Hemingway beging Selbstmord, weil er nicht mehr das gleiche machen konnte, wie in jüngeren Jahren. Er dachte: "Das Leben ist nicht mehr lebenswert." Das ist der Tod des Egos. Aber er wußte nichts über jenen anderen Zustand, in dem das Leben sogar noch viel lebenswerter ist als dann, wenn man all diese wunderbaren Sachen machen kann und die Macht hat, seine Wünsche zu erfüllen.

Also stimm dich auf das Energiefeld hier ein und akzeptiere, daß du, wie du sagst, sterben möchtest und daß es nichts gibt, nach dem es sich zu streben lohnt. Und dann verwende deine Energie darauf herauszufinden, was es noch gibt außer dieser Welt, die du kennst und die du verlassen möchtest. Denn sie ist nicht alles.

Also stimm dich ein, setz dich ruhig hin, laß die Welt los, selbst deine eigene. Geh und setz dich in einen Park, schließe einfach die Augen, und sei mit dir selbst. Nicht mit deinen Wünschen - laß sie los. Sag: "Nein, ich will sie nicht." Sei einfach ein Teil des Lebens.

Das ist der Weg, den du einschlagen mußt: Keine Kämpfe mehr, keine Anstrengungen, keine Versuche, noch mehr Energie aufzubringen, um zu bekommen, was du willst, oder sogar um neue Dinge zu finden, nach denen du streben kannst.

Bevor wir uns wirklich in diese Richtung bewegen können, muß die Welt ein bißchen schal werden, denn sonst würden wir ständig von ihr angezogen. Die Welt ist schal für dich geworden, und das gibt dir eine gute Chance, in eine völlig andere Welt zu gelangen.

Du kannst nicht alles auf einmal loslassen, aber beginne einfach damit, eine andere Ebene zu erforschen, auf der du nichts mehr anstrebst, nicht mehr versuchst, dich durch dicke Wände zu kämpfen oder dich mit anderen zu messen. Sei einfach mit dem, was da ist - was alltäglich ist; Geschmack, Geruch, einfach Sitzen, Leben. Und das wird dir wie durch Zauberkraft eine ganz neue Art des Lebens und Da-Seins eröffnen.

Ein Mann mit dem Namen Pongo war zu einem kurzen Besuch an der University. Bevor er wieder fort fährt, sagt Michael zu ihm - und auch zu den meisten anderen im Raum:

Du hast eine sehr klare Energie, und das einzige, was dir wirklich im Wege steht, sind deine Vorstellungen. Du hast irgendwelche Vorstellungen übernommen, irgendwelche Glaubenssysteme. Und selbst wenn ein Glaubenssystem wahr ist, ist es nicht dein eigenes, denn du hast es gelernt, du hast es übernommen.

Wenn du erst einmal über so ein Denksystem verfügst, dann siehst du die Wirklichkeit so, wie sie am besten in dein System paßt. Du siehst nur das, was zu deiner Denkweise paßt. Und alles, was im Widerspruch dazu steht, willst du nicht anschauen. Die Phänomenologen nennen das 'ausklammern'. Wir klammern alles aus, was mit unserer Art, das Leben zu sehen, kollidiert.

In diesem Augenblick ist deine Energie sehr schön, aber deine Augen sehen nicht die Wirklichkeit. Deine Augen sehen die Dinge so, wie sie in deinem Kopf sind. Du neigst dazu, alles irgendwie abzuschätzen und zu bewerten, anstatt es einfach anzusehen.

Deshalb müssen wir die Schere nehmen und die ganze Geschichte abschneiden, die wie ein endlos langer Lochstreifen aus einem Fernschreiber aussieht. So funktioniert unser Verstand. Tag für Tag fügt er etwas hinzu, erinnert sich, stellt Verbindungen her: "Ah ja, das paßt hier. Oh, jetzt erinnere ich mich, gelesen zu haben - das gehört hierher."

Und genauso machen wir es auch, besonders wir intelligenten Leute, denn wir haben viel gelesen, viel gehört, erinnern uns an vieles und speichern alles. Deshalb muß man irgendwann 'Schnipp!' machen. Und dann ist da einfach das Geräusch des Verkehrs, der Atem, ein Lächeln, ein Kopfnicken. Das ist alles.

Wenn du dann sprichst, kommen die Worte nicht aus dem Gedächtnis, sondern sie werden vom Kosmos eingegeben, der viel schneller als das Gedächtnis arbeitet.

Wenn du antwortest und dabei selbst abwesend bist - d.h. ohne irgendeine Geschichte - kommt *immer* das, was gerade richtig ist. Immer. Du brauchst nicht zu überlegen: "Was paßt hier?" Denn in unserem Gedächtnis ist das Passende vielleicht noch gar nicht *vorhanden,* wir haben es noch nicht wirklich *gelernt* oder *erfahren;* deshalb *wissen* wir auch nicht, was gerade richtig ist.

Aber wenn du das begrenzte Selbst losläßt, diesen Menschen mit seiner Geschichte, der schließlich aus ALLEM entstanden ist und wieder zu ALLEM zurückkehrt - wenn du nicht daran festhältst, und du selbst einfach zu ALLEM zurückkehrst - dann ist das, was kommt, genau richtig. Es ist einfach das Universum, das sich selbst antwortet. Nicht ich antworte dir, und du antwortest mir - sondern hier ist das Universum, wie es sich selbst antwortet; dort wie es zurückantwortet.

Alles ist genau richtig, alles ist perfekt.

Die Buddhisten behaupten, daß unsere Augen voller Staub sind. Der Staub ist unsere Geschichte, unser Gelerntes, alles, was uns beigebracht wurde. So schön das auch sein mag, es hat nicht wirklich etwas mit uns zu tun, es ist immer eine Sichtweise - eine Sichtweise von irgend jemandem, selbst wenn es eine kluge Sichtweise ist.

Man muß zur Leere zurückkehren. Und du hast eine gute Chance, daß dir das in nicht allzu ferner Zeit gelingt.

Die Grundlage des Traumes, das wirkliche Fundament des Traumes, den alle träumen, ist der Traum, das *wir selbst* etwas Unveränderliches sind, das von der Geburt bis zum Tod besteht und dann vergeht. Das ist der Traum.

DIE ERINNERUNG AN EINEN TRAUM

Michael gibt denjenigen, die ihn darum bitten, einen Goose Namen. Es handelt sich um Namen mit einer spirituellen Bedeutung, wie sie von vielen Meistern in verschieden spirituellen Traditionen an ihre Schüler vergeben werden und wurden. Es sind Namen, die entweder aus einer der existierenden Sprachen stammen, z.B. dem Sanskrit, *oder die in dem* Quinx Space, *einem* Space *jenseits der gewöhnlichen Realität, gefunden werden, und die sich dadurch auszeichnen, daß ihr Klang genau zu der Energie der jeweiligen Person paßt, die ihn erhält. Michael verbindet mit jedem Namen eine bestimmte Bedeutung, die den Sucher auf seinem Weg leiten soll; und immer, wenn er diesen Namen hört, wird er an die damit verbundene Aufgabe erinnert. Vielleicht ist diese Aufgabe irgendwann erfüllt oder nicht mehr so wichtig für ihn, dann bekommt der Sucher einen neuen Namen, vielleicht von dem gleichen Meister, vielleicht aber auch von einem anderen.*

Michael selbst hatte solch einen spirituellen Lehrer: Bhagwan Shree Rajneesh, heute unter dem Namen Osho bekannt, der ihm eine wertvolle Hilfe auf seinem spirituellen Weg war. Die

Namen, die er vergab, werden Sannyas Namen und seine Schüler Sannyasins genannt. Rajneesh ist 1990 gestorben, die Sannyasbewegung besteht auch ohne ihn weiterhin fort.

Jemand hat heute um einen Goose Namen gebeten. Diese Bitte kam von Milan, einem Sannyasin.

Als ihm daraufhin mitgeteilt wurde, er müsse seinen Sannyas Namen zurückgeben, wenn er sich einen Goose Namen geben ließe, sagte er, das könne er nicht machen. Er kann also seinen Sannyas Namen nicht ablegen - er fühlt sich zu sehr damit verbunden, er hängt zu sehr daran, es bedeutet ihm zu viel, ihn abzulegen. Das heißt, er kann keinen Goose Namen bekommen.

Im Laufe der Jahre, seit denen die *University* in Italien besteht, sind eine Menge Sannyasins hier zu Besuch gewesen. Und manche von ihnen sind wirklich ganz offen, wie Milan, sie sind einfach hier, voll und ganz. Vielleicht kommen sie mit ein paar Vorurteilen, denn nach allem, was ich gehört habe, gibt es in der Sannyasbewegung eine ganze Menge Vorurteile und vorgefaßte Meinungen über Michael Barnett und die *Wild Goose Company*. Aber wenn sie dann herkommen, merken sie: "Aha, das stimmt also gar nicht; es ist überhaupt nicht so, wie ich gehört habe. Es ist toll hier, und diese Arbeit ist wunderbar. Der Mann ist in Ordnung." Oder irgend etwas in der Richtung.

Sie kommen hierher und bekommen, soviel sie aufnehmen können. Manche legen ihren Sannyas Namen ab, wenn sie das Gefühl haben, daß er ihnen nicht mehr so viel bedeutet und das Geschehen hier einen starken Eindruck auf sie macht. Sie nehmen einen Goose Namen an und werden *Geese*.

Dann gibt es auch den anderen Typ von Sannyasins, und viele von denen, die kommen, gehören dazu. Sie kommen mit festen, vorgefaßten Meinungen darüber, was hier los ist. Sie kommen zur Tür rein - ihre vorgefaßten Meinungen und Vorurteile haben sie bereits parat, bevor sie überhaupt einen einzigen Menschen hier - oder mich selbst - getroffen oder Erfahrungen mit der Energiearbeit gemacht und gesehen haben, was hier geschieht. Und manchmal sieht man sie ein paar Tage später wieder abreisen, und es hat sich nichts geändert für sie. Sie haben sich so sehr auf ihre Haltung versteift, mir und dem gegenüber, was hier geschieht - in diesem Raum und in diesem Haus - daß sie nicht einmal die *Möglichkeit* in Erwägung ziehen, daß sich ihre Überzeugung ändern könnte. Sie sehen entweder *nichts*, oder sie sehen einfach nur ein paar Sachen, die die Vorurteile bestätigen, mit denen sie gekommen sind.

Sie sind wie Nationalisten - wie z.B. die Serben - sie klammern sich an eine separate Identität, eine Gruppenidentität. Das ist jedoch keine *persönliche* Sichtweise. Sie kommen hierher, sie wissen nichts über mich; die meisten sind neu dabei und haben mich noch nie getroffen, nicht mal zu meinen Sannyas-Zeiten - wie kann man eine persönliche Meinung über jemanden haben, den man noch nie getroffen hat, oder über eine spirituelle Bewegung, mit der man noch nie in Berührung gekommen ist? Es ist unmöglich, eine persönliche Meinung zu haben ohne direkte, *persönliche* Erfahrung. Das geht einfach nicht.

Also ist die Sichtweise jedes Sannyasins - das gilt auch für jeden anderen in dieser Angelegenheit, aber ich spreche heute abend über Sannyasins - jede Meinung, die Sannyasins vertreten, sofern sie mich nie zuvor gesehen haben, ist logischerweise nicht ihre eigene.

Es ist eine nationalistische Haltung. Es ist ein Gruppenvorurteil, das so stark ist, daß sie, auch wenn sie mich persönlich treffen oder hierher kommen, nicht mehr sagen können: "Aber meine eigene Erfahrung sagt mir dies und das. Und mit Sicherheit ist das mehr wert als alles, was ich je von jemand anderem gehört habe, sogar von meinen Mit-Sannyasins."

Aber sie können das nicht so sehen. Mit Tatsachen konfrontiert, die eine Veränderung bewirken würden, halten sie dennoch an den Vorurteilen fest, mit denen sie herkamen, die *rein* auf Hörensagen, auf Informationen aus zweiter und dritter Hand beruhen. Und das soll *immer noch* eine spirituelle Bewegung sein - diese Sannyasbewegung...

Des weiteren sage *ich* - und kein Sannyasin wird das gerne hören, aber ich sage es dennoch - daß jetzt, wo Rajneesh nicht mehr auf Erden weilt, die Rajneesh-Sannyasins einen großen Fehler machen, wenn sie weiterhin Teil dieser, sagen wir, Bewegung, dieses spirituellen Geschehens bleiben.

Was Rajneesh zurückgelassen hat - und er war fast acht Jahre lang mein Meister, also spreche ich als jemand, der Teil dieser Bewegung war und der ihm nahe genug stand, um darüber reden zu können. Ich arbeitete die ganze Zeit in dieser Bewegung, mit meinen Leela- und Awareness-Gruppen, mit Tausenden von Sannyasins in der ganzen Welt, und ich hatte immer Gutes über ihn zu berichten - bis auf die kurze Zeit, nachdem ich die Bewegung verlassen hatte, in der etwas Bitterkeit aufkam aufgrund gewisser Ereignisse, auf die ich hier nicht näher eingehen will - danach habe ich mich *immer* positiv über ihn geäußert, mit Liebe, mit Respekt; ich spreche also nicht als Außenseiter und auch nicht als Feind. Was Rajneesh meiner Meinung nach im Wesentlichen hinterlassen hat, sind eine Unmenge von Büchern, die eine große Hilfe für alle Menschen auf dem spirituellen Weg sein können, eine große Gruppe erstklassiger Therapeuten auf vielen Gebieten - vielleicht die beste zusammengehörige Gruppe von Therapeuten, die es derzeit gibt - die vielen Leuten helfen können, sich zu öffnen, Dinge zu sehen, die sie bis dahin noch nicht sehen konnten; die ihnen Einsichten vermitteln, ihnen Klarheit verschaffen, ihren Körper und ihren Geist für neue Möglichkeiten öffnen können. All das leistet diese Gruppe wirklich großartiger Therapeuten.

Aus meiner Sicht ist dies das Haupterbe - *praktische* Sachen. Ich rede nicht von seiner Präsenz in den Herzen von den Abertausenden, die mit ihm waren, meines eingeschlossen. Ich spreche nicht von den unsichtbaren Dingen, ich spreche von den praktischen, die man fassen kann, die man auch noch in zwanzig oder dreißig Jahren schätzen wird.

Wenn *ich* die Erde verlasse, wann immer das auch sein mag - ich weiß nicht, was ich hinterlassen werde, denn ich erwarte nicht, gerade jetzt zu sterben - wenn ich aber jetzt sterben würde, wäre meine wichtigste Hinterlassenschaft eine *hervorragende Methode*. Denn aus meiner Arbeit, die mit Energie zu tun hat, haben sich viele Meditationen entwickelt, viele Methoden, Übungen und Prozesse, die eine große Wirkung auf Menschen haben können - genau wie die Rajneesh-Therapeuten - aber ohne Therapeuten, obwohl Therapeuten eine zusätzliche Hilfe sein können. Ich werde eine außerordentliche, umfassende Methode hinterlassen, die Leute aus ihren Alpträumen und schwarzen Löchern herausbringt. Und hoffentlich werde ich auch einige erleuchtete Meister und Meisterinnen zurücklassen.

Ich habe vorhin eine sehr kontroverse und gewichtige Aussage gemacht. Ich sagte, daß Sannyasins, die weiterhin in der Bewegung bleiben, jetzt, da Bhagwan tot ist, damit einen großen Fehler machen. Wie kann ich so etwas sagen?

Ich sage das *trotz* allem Guten, das durch Rajneesh selbst gekommen ist - und aus allem, was er praktisch aus dem Nichts, aus dem Staub, entwickelt hat - für *unzählige* Menschen überall in der Welt, und in fast jedem Land dieser Erde. All das ist von unschätzbarem Wert für diese Menschen und für die ganze Menschheit. Ich stelle das nicht in Frage. Ich würde sogar sagen, daß Rajneesh mehr für die Menschheit getan hat, als irgend jemand sonst in diesem Jahrhundert - das ist mein Ausgangspunkt. Aber trotzdem sage ich, daß wenn du wirklich erleuchtet werden willst, wenn du es schaffen willst, wenn du zur Erkenntnis gelangen willst, und du hast es nicht geschafft, als Rajneesh noch lebte, und du ein Sannyasin warst, dann wird es dir jetzt erst recht nicht gelingen, wo er nicht mehr unter uns weilt.

Denn das Erleuchtungsereignis ist keine Fortsetzung von irgend etwas. Wenn du zu all diesen großartigen Rajneesh-Therapeuten gehen würdest - wenn es, was Zeit, Energie und Geld betrifft, möglich wäre zu jedem einzelnen Rajneesh-Therapeuten zu gehen - und du würdest *alles* bekommen, was sie dir geben können, und du könntest alles für dich nutzen - Arbeit am Körper, am Geist, an den Gefühlen, im Energiebereich, denn einige machen auch Energiearbeit - auch dann würde es dir nicht die Erleuchtung bringen.

Du kannst die Erleuchtung nur durch einen lebenden Meister bekommen, dich damit *anstecken*. Denn, ob du es merkst oder nicht, der lebende Meister strahlt ständig das aus, was Erleuchtung ist. Während der tote Meister nur eine *Erinnerung* ist. Und wenn du nicht erleuchtet wurdest, als er noch lebte, dann kann deine Erinnerung dir die Erleuchtung auch nicht bringen. Verstehst du?

Du hast es nicht geschafft, als er noch hier war. Du hast ihn nicht angesehen und gesagt: "Ich hab's!" - wie in der Geschichte vom Zen Meister Lin-Chi, der von seinem Stuhl aufsteht und den Sucher umarmt, der zu ihm gekommen ist, und dieser Mann sagt auf der Stelle: "Ich hab's, ich hab's!"

Bis zu diesem Zeitpunkt war er nicht erleuchtet. Und wenn

er sich später an den Meister erinnert hätte, nachdem der Meister gestorben war, und er dieses Erlebnis nicht gehabt hätte, dann könnte er sich *nur* so an den Meister erinnern, wie er ihn zu seinen Lebzeiten wahrgenommen hat. Auch du kannst dich nur so an den Meister erinnern, wie du ihn erfahren hast, als er noch am Leben war. Wie kannst du dich an ihn erinnern und plötzlich erkennen: "Aha, nun weiß ich was Erleuchtung ist." Du kannst nur deine Erinnerung sehen, und in deiner Erinnerung ist diese Erfahrung nicht vorhanden.

Aus und vorbei.

Für die Christen gilt dasselbe. Es gibt Millionen, die Jesus anbeten und denken, daß sie wie Jesus werden, wenn sie sich mit ihm befassen. Sie werden vielleicht schöne Menschen, sehr demütig, voller Hingabe, voll Liebe und Verständnis. Kann sein, daß sie Jesus' Botschaft leben, soweit sie können, aber sie wenden nur etwas an, das sie gelesen haben - denn Jesus selbst haben sie nie gesehen - und dann sagen sie: "Das, was hier im Evangelium steht, klingt wie die richtige Art zu leben; leben wir also danach."

Aber das ist nicht Erleuchtung. Erleuchtung bedeutet nicht nach einem Prinzip zu leben, das man von irgend jemandem übernommen hat. Erleuchtung heißt, völlig *frei* von *jeglicher* Führung zu sein, durch wen auch immer - dich selbst inbegriffen.

Es ist also nur ein Traum. Die Erfahrung, die die Sannyasins mit Rajneesh gemacht haben, war kein Traum - es war nur in dem Sinn ein Traum, daß sie durch ihn nicht erwacht sind. Sie wurden nicht erleuchtet, was das gleiche ist wie erwachen, deshalb war es in gewisser Weise doch ein Traum, aber ein Wachtraum. Jetzt aber ist es nur mehr die Erinnerung an einen Traum.

Sie sagen vielleicht: "Aber ich kann die Gegenwart von Rajneesh spüren." Das kann ich auch! *Er* hat die Kamera sabotiert. (*Am Anfang dieses Tuning Ins, das wie üblich mit einer Videokamera gefilmt wurde, wurde der Ton nicht richtig aufgezeichnet, worauf Michael sagte: "Ich weiß genau, wer heute abend sabotiert."*) Es war mir klar, daß er es war, denn ich wußte, daß ich heute abend über ihn sprechen würde. Ich fühlte es kommen und wußte sofort, als der Ton ausfiel, "Das ist er!" Das hat er schon mit mir gemacht, als ich noch sein Schüler war; er spielte mir *immer* solche Streiche. Wenn ich wegfahren wollte, funktionierten die Autos nie. Reifenpannen - alles Mögliche ging schief. Ein echter Schelm!

Er ist immer noch zugegen, sicherlich - keine Frage. Aber er bringt dich nicht mehr zur Erleuchtung. Er wird uns Vergnügen bereiten, wird uns aufrütteln, er wird mich auf Zack halten. Ja, das tut er, er hält mich auf Zack. Aber du wirst durch Rajneesh nicht mehr erleuchtet werden.

Du wirst viel *Hilfe* von ihm bekommen, auch wenn er nicht hier ist, viel *Schönes*. Aber du wirst nicht erleuchtet werden. Niemand wurde je so erleuchtet.

Du machst es entweder völlig allein, was schwierig ist, oder du wirst durch einen lebenden Meister erleuchtet, der *hier und jetzt* die Schwingung erzeugt, die Schwingung der Erleuchtung in ihrer Reinheit, ihrer Einfachheit, ihrer Leere.

Rajneesh strahlte das die *ganze* Zeit aus. Ich war fast acht Jahre bei ihm, und er strahlte es die ganze Zeit aus. Ich wußte, daß es da irgend etwas gab, aber ich selbst hatte es nicht.

Bevor er starb, sandte er mir ein Zertifikat, mit dem er mir mitteilte, daß ich erleuchtet sei. Aber ich war es nicht. Das war einer seiner Streiche. Ich dachte: "Das ist ja großartig. Jetzt bin ich erleuchtet. Wundervoll!" Aber ich war es nicht. Doch jetzt bin ich es.

Und immer noch haben sich Abertausende in diese *Sackgasse* verrannt. Und selbst wenn ihnen die Gelegenheit geboten wird, aus dieser Traumwelt heraus in die lebendige Wirklichkeit zu springen, mit jemandem zu arbeiten und zu sein, der *jetzt*, im August 1991, diese Schwingung aussendet, sagen sie: "Nein, das kann ich nicht tun. Mein Traum ist zu stark, meine Liebe zu intensiv, meine Zuneigung zu tief, meine Loyalität zu groß, meine Ergebenheit zu stark."

Das sind schöne Eigenschaften, aber *warum* sie auf jemanden richten, der jetzt körperlos ist? Du mußt erleuchtet werden, in deinem Körper, sobald wie möglich.

Zum Abschluß seines Besuches sagt Michael zu Milan, der immer noch Sannyasin ist:

Egal, an was du dich klammerst, du mußt es loslassen. Egal, was es ist, ob es die Eltern sind, oder ein Meister, oder eine Liebesaffäre, oder Kinder, oder ein Beruf, oder eine Idee, oder eine Ideologie, oder eine Partei, oder eine Gruppe von Freunden, oder ein Club, oder ein gesellschaftlicher Zirkel - woran man auch hängt, man muß sich davon freimachen. Denn die letztendliche Transformation und Erkenntnis kann sich nur an einem Punkt einstellen, an dem man völlig allein ist.

Ich schlage nicht vor, daß du von jetzt an allein sein sollst. Ich sage nur, daß du dich jetzt vielleicht noch an etwas anderes klammern mußt, aber sobald du anfängst zu begreifen, was Loslassen bedeutet, dann kannst du loslassen.

Und ich behaupte, daß du dich an einen Traum klammerst. Und den kann man schwer loslassen, weil ein Traum überall ist. Ein Mensch ist nicht überall. Du kannst zu einem Menschen hingehen und wieder von ihm fortgehen, von einer Geliebten, von einem Meister, von einer Familie - du kannst deine Familie besuchen, und du kannst sie wieder verlassen; du mußt nicht mit ihr zusammenbleiben.

Aber es ist schwer, sich von einen Traum zu verabschieden, denn er ist überall. Da ist nichts, was man loslassen kann.

Durch Begegnungen mit anderen Menschen und durch andere Ereignisse passiert etwas mit uns in unserem Leben. Was das in unserem Inneren bewirkt, zählt, nicht was außerhalb ist.

Alles, was mit uns passiert, ist dazu da, Veränderungen in Gang zu setzen, nicht dazu, sich daran festzuklammern. Man sollte solange dabeibleiben, wie eine Sache dauert. Aber wenn der Prozeß abgeschlossen ist und nur noch als Vorstellung existiert, dann hast du nichts mehr davon.

Du magst weiterhin Sannyasin bleiben - ich sage nicht einmal, daß du das aufgeben solltest - aber es wird anders sein. Durch alles, was hier geschehen ist - was ich gesagt habe, und wie du darauf reagiert hast - wird es anders sein. Du wirst dich als Sannyasin nicht mehr in der gleichen Situation befinden. Und das ist gut so. Du wirst lockerer sein, unbekümmerter.

Ich bin nur daran interessiert, daß du die Wahrheit findest. Ich bin nicht daran interessiert, ob du Sannyasin oder *Goose* bist, das ist für mich unwichtig, ich führe nicht Buch darüber. Mich interessiert nur, daß du etwas losläßt, das dich in meinen Augen davon abhält, die Wahrheit zu finden und sie zu leben.

ANMERKUNG: *Im November 1991 kehrte Milan an die University zurück und nahm einen Goose Namen an.*

Der Ausweg ist, einfach alle Vorstellungen aufzugeben und zu erkennen, das du nicht dies oder jenes bist, daß du jeden Augenblick aus dem Nichts entstehst.
Aber wir bringen in jeden Augenblick unsere Geschichte ein, unsere Vorstellung, die wir von uns haben. Deshalb reagieren wir auf die Einzigartigkeit und Ursprünglichkeit jedes Augenblickes immer so, wie es dem sehr begrenzten Bild, das wir uns von uns gemacht haben, entspricht.
Und dann fragen wir uns, warum nicht jeder Augenblick voller Wunder, voller Überraschungen ist, warum er nicht reich ist und vibriert. Wie kann er das sein? Er ist öde, er ist langweilig, er ist veraltet, er ist schal, er ist verbraucht, er ist tot.

BÖSES ERWACHEN

Jeder an der University verrichtet bestimmte Arbeiten, und die, die längere Zeit hier sind, haben in der Regel auch einen festen Arbeitsbereich, für den sie verantwortlich sind. Gerade die Dinge, die während und durch die Arbeit geschehen, bieten vielfältige Gelegenheiten, um aufzuwachen, um sich von alten Vorstellungen darüber, wie die Welt sein sollte, zu verabschieden. Michael nimmt oft Begebenheit oder Schwierigkeiten, die in diesen Bereichen auftauchen, zum Ausgangspunkt, um etwas klar zu machen, um daran seine Lehre zu verdeutlichen. Probleme werden unter einem anderen Blickwinkel betrachtet, ihre Bedeutung für den spirituellen Weg des Suchers aufgezeigt - und oft scheinen sie sich dabei wie von selbst aufzulösen.

Halya ist eine Italienerin, die schon seit einigen Monaten an der University lebt, als beim Saubermachen etwas geschieht, das ihr wie ein böses Erwachen vorkommt.

Sie schreibt Michael einen Brief darüber, auf den er im Tuning In antwortet.

Gestern habe ich beim Aufräumen ein Pornoheft gefunden.

Ich war und bin auch immer noch geschockt. Im Grunde, weil ich jetzt meinen Traum loslassen muß: den Traum, daß dieser Platz ein Ort ist, der vor der Energie sicher ist, die ein Pornoheft und sein Leser um sich verbreiten können; den Traum, daß dieser Platz so etwas wie ein heiliger Ort ist. Vielleicht muß ich akzeptieren, daß nichts falsch oder richtig ist, heilig oder nicht heilig, schmutzig oder sauber, porno oder nicht porno, nett oder nicht nett. Das ist nicht einfach.
Wie findest du das?

Also, wie findet ihr das? *(Er wendet sich an alle im Raum.)* Jemand hier hat Halyas Traum zerstört. Ich habe das nicht geschafft. Obwohl sie schon lange hier ist, ist es mir nicht gelungen. Ich kann nicht glauben, daß sie sich trotz all meiner Bemühungen diesen Traum bewahren konnte! Endlich hat jemand hier, irgendein Verbündeter, ihren Traum zerstört.

Wenn das das Schlimmste ist, um das man sich auf dieser Welt sorgen muß, Halya, dann haben wir hier wirklich eine heilige Welt. Sie ist wirklich fast genauso wie das Reich der Engel.

Aber wenn sie *ganz* zum Reich der Engel gehören würde, gäbe es keine Kontraste. Wir brauchen also das merkwürdige Pornoheft, das hier und dort herumliegt, gerade damit ein "Oh!!" passieren kann. "Oh! Was?! Und ich habe gedacht, und ich habe geglaubt, und ich habe gehofft und geträumt..." Und jetzt - alles dahin.

Zu was auch immer du Ja, und zu was auch immer du Nein sagst, es definiert dein Selbst, das noch nicht begriffen hat, wer du bist. Jede Person in diesem Raum ist verschieden. Und jeder von uns ist, könnte man sagen, in Übereinstimmung mit seiner Auswahl von Ja's und Nein's geformt, gestaltet und definiert.

Aber das Buddha Bewußtsein, oder Gott, oder ES, oder der Natürliche Zustand, oder die Einheit, oder das Tao, wie immer du es auch nennen willst, diese eine Sache schließt jeden hier ein. Oder, um es anders auszudrücken, jeder hier ist es. Entweder bewußt, wie in meinem Fall, oder unbewußt, wie in eurem Fall; *eines Tages* wird es uns allen bewußt sein.

Und wenn das so ist, dann haben die *besonderen* Ja's und Nein's von wem auch immer überhaupt keine Bedeutung.

Wenn etwas existiert, ist es im Tao. Wenn etwas Teil der menschlichen Wirklichkeit ist, gehört es zum Tao. Es wurde - wenn du so willst - von Gott geschaffen, es entstammt dem Meer von Energie; es wurde vom 'Anderen Ufer' auf unsere Seite geworfen; aus dem Formlosen in die Form. Deshalb verhält es sich so.

Pornographie ist durch die Begierden und Bedürfnisse von Menschen entstanden.

Die Krankheit des Verstandes besteht darin,
das, was du magst, dem gegenüberzustellen,
was du nicht magst...
Und im selben Augenblick sind Himmel und Erde
meilenweit voneinander entfernt.

Zeilen aus einem Gedicht des Zen Meisters Sosan.

Ich habe einmal eine Frage an Bhagwan Shree Rajneesh geschrieben: "Du erzählst uns ständig, was für eine Wonne dein Leben und was für ein Mist unser Leben ist. Du sagst uns auch, daß wir keine Vorlieben haben sollen. Aber wie kann man die Wonne dem Mist nicht vorziehen?" Es ist offensichtlich, jeder würde das tun.

Ich erhielt eine umfangreiche Antwort, aber ich erinnere mich nur noch an die erste Zeile: "In dem Augenblick, in dem du die Wonne dem Mist vorziehst, ist deine Wonne schon Mist!"

Wenn du nämlich lieber Wonne anstatt Mist willst, wirst du den Mist nicht los. Du sehnst dich nach der Wonne, du *tust alles* dafür; aber alles Streben und Sehnen, alle Bemühungen sind einfach Mist. Denn sie kommen aus dem Ego, das sich in etwas Schöneres verwandeln will.

Das wahre Wesen in uns hat keine Vorlieben. Das ist schwer zu glauben. Es hat keine Vorlieben, weil es akzeptiert, daß tatsächlich niemand da ist, der erstens, überhaupt etwas vorziehen könnte, und der zweitens, die Macht dazu hätte, zu bekommen, was er vorzieht. Und drittens, auch wenn er die Macht hätte, zu bekommen, was er wollte, würde er es nicht mehr mögen, sobald er es bekommen hätte.

Du würdest Glückseligkeit erfahren und sagen: "Mein Gott, das soll Glückseligkeit sein? Was ist mit Ekstase? Was kommt als nächstes auf der Liste? Nehmen wir Ekstase. Und dann Ekstase Plus. Und dann Super Plus. Und dann hundert Oktan..."

Und was dann? Immer noch nicht schnell genug, immer noch nicht rein genug. Denn genau der Versuch, etwas zu bekommen, kommt aus der falschen Richtung. Er kommt von dem, der immer noch mit dem Versuch kämpft, das Leben so zu manipulieren, wie er oder sie es haben möchte. Dabei ist es eine Tatsache, daß dein Leben jetzt, in diesem Moment, genauso wie das aller anderen, absolut vollkommen ist.

Das Universum befindet sich in einem Zustand der Vollkommenheit; du bist ein Teil des Universums; wie kannst du da *nicht* vollkommen sein? Das einzig Unvollkommene in deiner Realität ist dein Unvermögen zu erkennen, daß alles perfekt ist. Jeder versucht, perfekt zu machen, was schon längst perfekt ist.

Halya ist also nicht zufrieden damit, den Traum zu haben, daß *sie* vollkommen sein sollte; sie hat auch den Traum, daß die *Michael Barnett Energy University* perfekt sein sollte; und daß die *Wild Goose Company* vollkommen sein sollte. Zum Glück für alle Betroffenen hänge ich diesem Traum nicht nach. Sonst würdet ihr die ganze Zeit bei meinen Versuchen, euch Vollkommenheit einzupeitschen, die schrecklichsten Qualen ausstehen müssen.

Dann würden dieser Person mit ihrem Pornoheft, sofern ich herausfände, wer es war, sofort die Hände abgehackt werden - wenn nicht gar die Genitalien. Vielleicht würden wir dann Halyas Traum von Vollkommenheit näherkommen.

Halya, was ist, ist. Laß die Dinge, wie sie sind. Und alles wird vollkommen bleiben.

Natürlich wird der Verstand sofort sagen: "Sieh dich doch

um. Wie kann alles perfekt sein? All das Leiden, die Folter, die Tyrannei, der Kindesmißbrauch. Wie kann das vollkommen sein?"

Aber wenn ich von Perfektion spreche, schließt das auch ganz klar ein, daß sich alles ständig verändert. Ich sage nicht: Dies ist vollkommen, und dies ist Vollkommenheit, und dieses ist *immerwährende* Vollkommenheit, und nichts soll sich je ändern, denn es ist perfekt.

Ich sage vielmehr, daß sich auf diese Art die formlose kosmische Energie in Form ausdrückt, in diesem Augenblick, auf diesem Planeten, durch alle Lebewesen hier, die Menschen eingeschlossen - das ist der Zustand der Dinge in diesem Augenblick.

Wie kann es anders sein? Wenn du es von einer höheren Warte aus betrachtest, wie kann es da anders sein, als es ist?

Alles, was wir tun können, ist, einfach dabei zu sein. Oder noch besser, es zu *sein*. Im *Dabei-Sein* steckt immer noch die Dualität: "*Ich* bin mit dem Tao; *ich* bin mit dem, was geschieht; *ich* sage ja zu dem, was vor sich geht." Es sind immer noch zwei. Zwar scheint es immer noch besser zu sein, als sich mit tausenderlei Sachen abzugeben, mit diesen vielen, einzelnen Teilen, die wir 'ich' und 'andere Leute' nennen, aber es ist immer noch nicht das Ende, weil immer noch zwei da sind.

Es geht also nicht darum, am Ende *mit* dem Tao im Einklang zu sein, sondern um die Erkenntnis, daß du das Tao *bist*; und daß das, was in diesem Moment passiert, für dich die Wahrheit ist. Nicht: Ist es falsch oder richtig? Selbst wenn du jetzt lügen würdest, wäre die Wahrheit, daß du lügst. Es wäre wahr, daß du es gerade jetzt für notwendig hältst zu lügen, um Strafe abzuwenden oder um der schlechten Meinung anderer zu entgehen, oder weil du einfach gerade Recht haben möchtest. Du lügst - und die Lüge entspricht der *Wahrheit.* Nicht der kleinen Wahrheit; der großen Wahrheit - *der* Wahrheit.

Dafür brauchst du keinen Verstand, darüber brauchst du nicht nachzudenken. Ich sage nicht, schalte deinen Verstand aus, denn das ist auch nur ein Trip, eine Idee in deinem Kopf. Mir geht es einzig darum, daß du erkennst, daß du das falsche Instrument verwendest, wenn du mit dem Verstand zu begreifen versuchst, was ich sage, oder wenn du sonst eine andere wichtige Wahrheit verstehen willst. Der Verstand eignet sich dazu, in der Welt der Dualität Details auszuarbeiten. Er eignet sich aber nicht dazu, etwas zu beurteilen, das letztendlich den Verstand miteinschließt. Das Tao schließt den Verstand mit ein, den denkenden Verstand, die Welt der Dualität. Das Tao umschließt alles.

Wie kann dann der Verstand, der ein Teil des Taos ist, das Tao begreifen?

Alles läuft wunderbar.

Man muß nichts erreichen und nirgendwohin gehen.

Alles ist immer da, aber es löst sich auf, wenn du es festhalten willst. Wenn du versuchst, es an dich zu reißen und für dich zu behalten, verschwindet es.

Aber wenn du die Dinge einfach sein läßt, wird sich alles genau richtig entwickeln.

Alles läuft immer genau richtig.

Also wäre die erleuchtete oder weise Reaktion auf den Fund eines Pornohefts, das an der *Michael Barnett Energy University* herumliegt, so etwas wie: "Aha, so ist das. Das liegt also hier herum."

Und hier findet man auch wunderschöne Energiearbeit, man findet hier offene Herzen, hier herrscht tiefe Stille, hier findet Tuning In statt, hier gibt es Weisheit, hier ist eine wundervolle Energie.

Und hier gibt es Pornohefte. Für mich ist das überhaupt kein Widerspruch.

Rabiya ist eine Frau aus Berlin, die mit ihrem Partner und ihrem gemeinsamen Kind für einige Zeit an der University ist. Ihr Partner war mit anderen Frauen zusammen. Michael fragt:

Wie geht es dir?

Gut.

Das Wasser gewinnt immer, weißt du, nicht der Stein. Das Wasser gewinnt.

Denke daran, daß jeder Schritt neu ist. Denke daran, dich nicht darauf zu versteifen, mehr als einen Schritt auf einmal zu machen.

Damit meine ich, wir machen einen Schritt, und dann sagen wir: "Aha!" Wir schaffen uns ein Bild davon, wie wir waren, als wir den Schritt gemacht haben.

Von diesem Bild ausgehend, beginnen wir, weitere Schritte zu unternehmen: "Ich weiß jetzt, wer ich bin," oder "So bin ich." Ob wir es wirklich *aussprechen* oder nicht, macht keinen

Unterschied.

Und dann beginnen wir, eine ganze Anzahl von Schritten von diesem Bild aus zu machen, und das Bild verliert den Kontakt mit seinem Ursprung.

Man muß aber immer wieder zum Anfang zurück. Wirklich jeden Augenblick zurück zum Anfang.

Wir gehen zurück, aber wir sind uns dessen nicht bewußt. Aber wir müssen uns darüber bewußt werden; so daß sich alles, was wir tun, immer völlig neu anfühlt. Du folgst niemals einer Vorstellung, du folgst niemals einem bestimmten Muster. Ich spreche über deinen Geist und deine Seele. Manchmal, bei der Arbeit zum Beispiel, mußt du das natürlich tun. Aber ich spreche über deinen Geist und deine Seele. Da ist jeder Schritt immer wieder vollkommen neu und frisch.

Mach zwei Schritte - und du machst den zweiten Schritt vom ersten aus, statt vom Ursprung aus; du hast dich auf ein Bild versteift. Und dann kann nur der Teil von dir, der in das Bild paßt, das weitere bestimmen. Dann wirst du allein von einem Bild gespeist, das nur einen winzigen Teil von dem ausmacht, aus dem es entstanden ist.

Der *Space*, die Ebene, auf die wir uns einstimmen, ist der *Space*, aus dem alles kommt; in jedem Augenblick neu.

Wenn du mir zeigen würdest, daß ich gestern abend in einem Gespräch genau dieselben Worte verwendet habe, wie jetzt, so wäre das keine Imitation, nicht ein Wort davon. Ich spreche genau jetzt, in diesem Augenblick, zu genau dieser Person, die hier vor mir sitzt.

Es ist unmöglich für mich, etwas zu imitieren, das ich schon einmal getan habe. Ich habe in diesem Augenblick keine Ahnung, was ich je zuvor gesagt habe. Die Worte kommen einfach aus dem, was zwischen uns fließt. Und das ist die wahre Art zu leben.

Genau genommen leben wir nicht, sondern das Leben geschieht. Wir werden von jenem *Space*, von jener Ebene aus, gelebt. Das Leben geschieht einfach von dort aus, nur wir glauben, daß wir es in der Hand haben.

Es ist viel Licht in dir, aber du mußt es leben; so, wie ich es beschrieben habe. Das Licht ist da, aber wenn du weiterhin Schritte von gestern aus machst, vom letzten Moment aus, verfehlst du das Licht.

Das Licht ist da, das Licht wird dich leben. Folge dem Licht in jedem Augenblick, bleib bei dem Licht, bleib bei dem Gefühl von Leichtigkeit und Helligkeit. Und sorge dich nicht zu sehr, wenn nichts passiert. Aber laß das, was hochkommt, heraus. Es ist mehr wert als alle möglichen Errungenschaften im Leben; das Gefühl, vollkommen natürlich zu sein. Und genau das bedeutet es, natürlich zu sein: alles im Moment geschehen lassen.

So ist es, wenn wir natürlich sind. Wir tun nichts - das ist Natürlichkeit. Denn die Natur ist in einem ständigen Wandel begriffen.

Es geht also nicht darum, das natürliche Selbst zu finden. Es gibt kein natürliches Selbst, nur das Nicht-Selbst kann natürlich sein. Nur *Space* kann natürlich sein, nur wenn etwas jeden Augenblick neu entsteht, kann es natürlich sein. Und genauso sind wir: etwas, das jeden Moment neu entsteht, vollkommen ohne Identität, ohne Vergangenheit.

In diesem *Space*, auf dieser Ebene, treffen wir uns wirklich

Es scheint mir eindeutig und unwiderruflich richtig zu sein, daß es so etwas wie Geburt und Tod nicht gibt. Deshalb weiß auch niemand etwas darüber. Beides sind *einzig und allein* Vorstellungen, und Menschen ruinieren ihr Leben mit diesen Vorstellungen.

HARTE SCHULE

Devendra ist ein junger Mann, der es wirklich wissen will. Er ist für ein halbes Jahr an die University gekommen und versucht, soviel wie möglich aus dieser Zeit herauszuholen.

Butsu ist ein älterer Mann, auch ein ernsthafter, sehr intelligenter Sucher, der seine Ernsthaftigkeit manchmal ein wenig zu ernst nimmt. Er versucht häufig mit Hilfe seines Verstandes zu ergründen, was an der University vor sich geht und schreibt viele kritische Briefe an Michael über das, was er hier sieht und hört.

Ich habe einen Brief von Devendra bekommen, in dem er schreibt:

Lieber Michael,
Kannst du mir und allen Leuten hier nicht zeigen, wie lächerlich ich bin?

Devendra, du weißt nicht, worum du bittest. Ein sehr mutiger

Brief, eine sehr mutige Frage, aber du weißt nicht, worum du bittest. Du würdest mir niemals verzeihen.

Gestern abend habe ich im *Tuning In* einen Brief von Butsu über Bewußtheit vorgelesen. Dann bin ich ein großes Risiko eingegangen, da ich mich entschieden hatte, zu versuchen, Butsu bei der Beantwortung seiner Fragen zu zeigen, wie lächerlich er ist. Genau das, worum Devendra bittet. Heute habe ich nun einen Brief von Butsu bekommen:

Lieber Michael,
Ich verlasse morgen deine *Community*. Butsu.

Butsu ist sehr wütend auf mich. In seinen Augen mag es verschiedene Gründe geben, warum er fortgehen will. Aber wahrscheinlich hat ihm der gestrige Abend den Rest gegeben. Ich habe mich gestern abend über Butsu, über seinen Brief, lustig gemacht, weil ich gesehen habe, daß seine Frage in Wirklichkeit nicht ernst gemeint war. Aber natürlich nimmt Butsu, wie alle anderen auch, sich selbst sehr ernst.

Jeder nimmt sich selbst unglaublich ernst.

Nun kommt Devendra zu uns, dieser unerschrockene junge Ritter. Irgendwie hat er etwas Wichtiges erkannt. Es ist eine wunderschöne Frage. Er hat verstanden, daß es kaum etwas bringt, all dieses Zeug über Liebe, Bewußtheit, über Beziehungen und Energiearbeit zu hören, solange man nicht wirklich hören kann.

Solange man in seinem Ego gefangen ist - was ausnahmslos

lächerlich ist; es gibt einfach kein Ego in dieser Welt, das nicht lächerlich ist; ein Ego zu haben, ist in sich selbst lächerlich - solange diese lächerliche Pseudo-Realität existiert, kann man tatsächlich nicht hören oder sehen, was wirklich ist.

Als ich Devendras Frage vorgelesen habe, haben viele von euch gelacht. Butsu hat nicht gelacht.

Wenn ihr nicht über euch selbst lachen könnt, seid ihr von der Erleuchtung meilenweit entfernt. Ihr mögt vielleicht nahe sein, aber trotzdem seid ihr weit entfernt, denn ihr sucht in der falschen Richtung. Es geht euch immer noch darum, euer Selbst zu schützen, anstatt es so verletzlich wie nur möglich zu machen. Ihr sucht immer noch nach Anerkennung, statt nach Gelegenheiten, in denen ihr gedemütigt werdet. Ihr seid immer noch darauf aus, jemand zu sein und seid euch noch nicht bewußt, daß es darum geht, ein Niemand zu werden. Deshalb ist man verletzt, läuft weg wie ein geprügelter Hund. Man verläßt einfach den einen Meister und versucht, jemanden zu finden, der freundlicher ist.

Ihr würdet alle weglaufen, wenn ich euch zeigen würde, wie lächerlich ihr seid. Selbst mit meinen 'rechten Händen' kann ich das nicht machen. Wenn ich auch nur damit anfange, wenn ich beginne, einen von denen, die am längsten hier sind, zu verspotten, sehe ich, daß sie sich verschließen, verletzt sind. Dann kann ich nicht weitermachen.

Sie würden sich angegriffen fühlen, würden es mir übelnehmen, würden sich zurückziehen, sie würden es nicht verstehen. Also ziehe ich mich mit meiner Lanze von diesem

Turnierplatz zurück und mache etwas anderes. Ihr könntet es nicht annehmen, *niemand* hier kann das.

Gestern abend habe ich mich, wie es so meine Art ist, über Dinge lustig gemacht, die lächerlich gemacht werden müssen. Ich war mir bewußt, daß ich dieser Energie einfach freien Lauf ließ und mir eine kleine Spinnerei erlaubte. Aber Butsu konnte es nicht ertragen.

Ihr kommt hierher mit den schlimmsten Krankheiten.

Butsu kam her mit wirklich ernsten Krankheiten, emotionalen, psychischen Krankheiten. Darum ziehe ich jetzt mein Schwert und gebe ihm einen Schlag. Schlimme Krankheiten brauchen entsprechende Heilmittel. Wenn du Krebs hast, nimmst du auch kein Aspirin. Ob du den orthodoxen oder den unorthodoxen Weg wählst, es verlangt einen *hundertprozentigen Einsatz,* um Krankheiten und andere Leiden zu heilen. Etwas Halbes genügt da nicht.

Butsu hat eine ernsthafte Krankheit - mehrere sogar. Eine seiner ernsten Krankheiten ist die, daß er nicht über sich selbst lachen kann. Er nimmt sich selbst *unheimlich* ernst. Er kann nicht erkennen, daß dieses Selbst, welches er so ernst nimmt, *genau* das ist, was sich in Luft auflösen muß. Es ist dieses Selbst, das ihn daran hindert, all die Geschenke anzunehmen, die das Leben zu bieten hat.

Jeder will das behalten, was er schon hat, und ebenso das Wunder der Wahrheit erfahren. Alle wollen an ihren Lügen festhalten, an der grundlegenden Lüge vom Ego. Auch die Wahrheit soll in diese grundlegende Lüge hineingepreßt werden, in dieses Pfefferfaß. Der Goldstaub der Wahrheit.

Das ist nicht möglich. Aber im Westen haben wir keine Tradition, die uns hilft, das zu begreifen. Wenn jemand in ein Zen Kloster eintritt, findet er dort eine jahrhundertalte Tradition vor. Man verpflichtet sich dazu; nicht etwa zu einer kleinen Verschönerung, um das Leuchten des Selbst noch heller zu machen oder das Leben zu versüßen. Das ist nicht der Sinn der wirklichen Arbeit, *ganz bestimmt nicht.*

Jeder, der diesen Ort verläßt und nicht erleuchtet ist - oder zumindest kurz davor ist und tatsächlich weggehen *muß*, um erleuchtet zu werden, was vorkommt - geht zu früh. Ganz egal, ob er eine Woche oder fünf Jahre hier war, da besteht kein Unterschied.

Es wird euch vielleicht nicht gefallen, was ich sage, ihr werdet es nicht einmal akzeptieren, aber es ist wahr. Es geht nicht darum, euch Schritt für Schritt zu verbessern. Für euch mag es vielleicht so aussehen, aber ich weiß, daß es nicht so ist. Man kann sich endlos verbessern. Ihr solltet sowieso bemerkt haben, daß, wenn ihr euch in einer Hinsicht weiterentwickelt, ihr offenbar in anderer Hinsicht etwas verliert. Ihr *könnt* die Kanten abschleifen, eure Persönlichkeit abrunden. Aber das ist nicht das Ziel eures Hierseins, das ist nur ein kleiner Blütenregen.

Das ist nicht die Wurzel des Baumes. Verschwinden, Niemand-Sein, Offenheit allem gegenüber sind die Wurzeln des Baumes. Dann kann man sich über euch lustig machen, weil es kein Selbst mehr gibt, das ihr verteidigen müßt.

Bis ihr das begreift, liegt immer noch ein Berg Arbeit vor euch. Oder andersherum, ihr seid der Berg, der abgetragen werden muß.

Ich spreche jetzt von etwas sehr Seltenem, versteht ihr. Ich spreche keine Sprache, die von den Leuten auf der Straße akzeptiert und verstanden wird; absolut nicht, das weiß ich. Ich spreche nicht von dem Leben, das die Leute führen, dem karmischen Leben mit dem ständigen Auf und Ab, Hin und Her, Vor und Zurück, von diesem oder jenem Bereich, dem Gewinnen und Verlieren, Geborenwerden und Sterben, Kind sein und Kinder haben. So ist das Leben, so einfach ist das Leben. Wenn euch das entspricht, dann macht es euch so rosig, so schön, so positiv und hoffnungsvoll wie ihr nur könnt. Ich weiß, daß die Menschen das Leben so sehen, fast jeder sieht es so.

Aber ich sage, daß es eine völlig andere Realität gibt. Wo all das nicht mehr ist als eine Spielwiese, ein Flipperautomat oder eines von diesen neuen Spielen - wo Bomben abgeworfen werden, und man ausweichen muß, um nicht getroffen zu werden, Spiele mit Lichtern und Knöpfen. Wenn ihr die Welt, von der ich rede, nicht kennt, dann wird alles, was ich sage, mehr oder weniger bedeutungslos für euch sein.

Aber ich versichere euch, früher oder später werdet ihr erkennen, daß es wirklich stimmt, was ich sage. Ihr seid jetzt vielleicht noch nicht bereit, es zu hören, aber eines Tages werdet ihr erkennen, daß früher oder später alles dorthin führt.

Es hängt völlig von dir ab, Butsu, und von jedem anderen, was er aus seinem Leben macht. Ich werde nicht versuchen, dich zu retten. Ich bin für niemanden der Erlöser. Ich reagiere einfach auf das, was ich vorfinde, oder sagen wir, ich reagiere aus meinen *Space* heraus. Und die Wahrheit, die mir bewußt ist, richtet sich immer auf das, was ich vorfinde. Aber ich laufe niemandem hinterher. Ich bin kein Kreuzritter, und ich bin kein Erlöser.

Das also ist die Situation: Jeder beschützt etwas, was er eigentlich aufgeben sollte. Und alles, was jemand wie ich unternehmen kann, um euch zum Aufgeben zu bewegen, jeder massive Eingriff meinerseits wird von euch als Angriff auf euer Selbstwertgefühl betrachtet.

Das macht die wirkliche Arbeit sehr schwierig. Um diese Arbeit richtig zu machen, die bei den meisten erforderlich ist - um die Revolution zu ermöglichen, daß ihr endgültig jede Heuchelei, jede Imitation, alles Unechte und Unnatürliche in euch abwerfen könnt - ist wirklich das härteste Vorgehen erforderlich. Es ist eigentlich nicht so schwierig. Es ist nur so, daß der ganze Strom des Lebens, so wie wir es normalerweise sehen, in die andere Richtung fließt - weg von der Erkenntnis, zu der wir eines Tages kommen müssen.

Ralph, ein junger Deutscher, ist mit seiner Freundin, einer starken, schönen Frau, die einige Jahre älter ist als er, an der University zu Besuch. Er möchte mit Michael über ihre Beziehung sprechen und erhält eine harte Lektion über den tieferen Sinn von Beziehungen.

In der Beziehung zu meiner Freundin gibt es Probleme...

Oh, wirklich? Was für eine außergewöhnliche Beziehung, so etwas habe ich noch nie gehört!

Ich kann damit nicht umgehen, ich habe Probleme mit ihr. Ich möchte dich fragen, wie ich dazu stehen soll, denn ich weiß nicht...

Du weißt nicht, wie du zu dieser Beziehung stehst, du bist hin und her gerissen. In einer Beziehung kannst du nicht stehen. Bevor du nicht ganz klar zu dir selbst stehen kannst, in dir selbst ruhen kannst, kannst du auch nicht in einer Beziehung stehen

- in keiner Beziehung. Egal ob mit dieser Freundin, oder mit irgendeiner anderen, sofern sie nicht gerade ein Schoßhündchen ist, du wirst immer ins Chaos geraten.

Und das muß so sein, Ralph. Du mußt solange das ganze Chaos erleben, bis dich nichts mehr stört. Aber damit du dahin gelangst, mußt du zuerst durch das Chaos durch.

Ja, aber es tut richtig weh.

Genau! Das muß so sein. Hast du dein Herz in einem Krankenhaus untersuchen lassen? Sie können dort deine Frequenz messen: "Ah ja, dieser Typ ist eindeutig verliebt." Oder: "Dieser Mann streitet garantiert heftig mit seiner Freundin." Sie können es dir schwarz auf weiß geben. Aber du brauchst keinen schriftlichen Beweis.

Wenn du vor diesem Schmerz davonläufst, dann wird er dir an der nächsten Ecke in einer anderen Form wieder begegnen.

Alle Beziehungen sind Möglichkeiten, etwas zu lernen, bis du die endgültige Beziehung gefunden hast. Und die ist mit dir selbst.

Also muß ich die ganze Geschichte durchstehen.

Du mußt nicht, aber du mußt noch lange durch irgendwelche Sachen hindurchgehen. Ich sage nicht, steh diese Sache genau mit dieser Freundin durch. Aber selbst wenn es nicht mit dieser Freundin ist, dann ist es eben mit der nächsten, mit der du das auch durchmachst - vielleicht auch andere Dinge.

Du mußt verstehen, es ist um so besser, je mehr passiert, denn das macht die Reise ein wenig kürzer, wenn auch ein bißchen härter. Auf der anderen Seite gibt es keinen Grund, deshalb masochistisch zu werden und nach der schwierigsten Frau der Welt Ausschau zu halten, um eine Beziehung einzugehen. Das ist auch nicht der Sinn der Sache.

Ich kann dich also nicht wirklich beraten, du mußt selbst ein Gefühl dafür entwickeln. Momentan wäre für dich keine Beziehung ruhig, außer einer, die dir überhaupt nichts bringen würde. Die einzige ruhige Art von Beziehung wäre wie ein zäher Kloß. Du kannst einiges vermeiden, um nicht mehr aus dem Gleichgewicht geworfen zu werden. Aber es würde dir nichts bringen.

Wohingegen du in der feurigen Beziehung mit deiner Freundin, oder mit irgendeiner anderen, herausfinden wirst, wer du bist. Du kannst nicht herausfinden, wer du bist, indem du dich hinsetzt und denkst: "Also, wer bin ich? Einerseits bin ich dies, andererseits..." Du kannst in deinem Kopf keinen Kuchen backen und sagen: "Genau, das ist Ralph." Du kannst nur etwas über dich herausfinden, indem du handelst, indem du dich einläßt.

Ich muß leider sagen, daß es für einen Sucher ziemlich zweitrangig ist, ob er glücklich ist oder nicht. Wenn es dir ein paar Minuten richtig gut geht, kannst du von Glück sprechen.

Also, sobald du akzeptiert hast, daß es unvermeidlich ist, sich all dem zu stellen, kannst du dich ein bißchen entspannen, und es vielleicht sogar genießen! Wenn es Streit gibt, lach hinterher darüber - oder lach sogar zur gleichen Zeit. Sag: "Schau, was da los ist! Ich muß ja phantastisch viel lernen, wenn ich so leide. Ich weiß nicht, was ich lerne, aber es muß wirklich eine Menge sein, denn es ist so erschöpfend." Lach darüber. Du kannst darüber lachen, denn du bist kein so ernsthafter Mensch. Du hast beide Seiten in dir.

Wenn es dir zuviel wird, lach einmal kräftig - und mach weiter!

Und noch etwas.

Das Selbst, das du als Subjekt siehst - das 'Ich' - ist kein Subjekt, sondern ein Objekt. Man muß sich also so betrachten, als ob man jemand anderes wäre, jemand X-Beliebiges.

Es gibt eine Meditation, in der man nie 'Ich' sagt, sondern: "Michael dies, Michael jenes." Laxmi, die viele Jahre lang Bhagwan Shree Rajneeshs rechte Hand war, hat in den acht Jahren, die ich sie kannte, nie das Wort 'Ich' verwendet. Immer hieß es: "Laxmi dies und Laxmi das." Aber irgendwie war es in Wirklichkeit immer noch ein 'Ich'.

Du kannst dieses Spiel spielen, und es ist vielleicht nur eine andere Art, 'Ich' zu sagen. Aber das Prinzip dahinter ist großartig. Es besagt: "*Diese Person hier* ist im Augenblick vollkommen durcheinander; diese Person hier überlegt sich, was sie machen soll; diese Person hier seufzt und läßt den Kopf hängen; diese Person weiß nicht, wohin sie gehen soll, ob sie weitermachen soll oder nicht." *Diese Person*.

So hörst du auf, dich mit all diesem Hin und Her zu

identifizieren. Du sagst: "Ich sehe diese Person. Und diese Person muß, wie Michael gesagt hat, durch all das hindurchgehen. Sehen wir ihr also dabei zu."

Dann kannst du mit mir das Vergnügen teilen, all diese schrecklichen Dinge anzusehen, durch die Ralph hindurchgehen muß. Wir, du und ich gemeinsam, können die kommende Phase in Ralphs Leben betrachten, in der er durch die Hölle und durch tiefes Wasser muß. Wir können zusammen darüber lachen: "Mein Gott! Das wird jetzt *wirklich* schwierig! Schau nur, was er tut! Sieh nur, das wird die Hölle für ihn, sein Herz wird erbarmungslos gebrochen werden!"

Und wir sitzen hier und beobachten ihn, du und ich, und wir haben beide das Gefühl, daß das großartig ist. Das ist unser Sohn, der durch das Feuer gehen muß. Und danach wird er wiedergeboren werden.

Bei Ralphs Abreise sagte Michael zu ihm:

Man kann sagen, daß du nur wirklich dabei bist, wenn du weder vorn'weg läufst, noch hinterher rennst.

Also sei dabei, Ralph. Einfach dabei. Nicht voraus, nicht hinterdrein, sondern dabei. Vorstellungen zu haben heißt, voraus zu sein. Erwartungen zu haben genauso. Mangelndes Vertrauen heißt, hinterher zu hinken. Negativ sein auch. Zu glauben, daß sich für dich nichts ändern kann, ist das gleiche. Erwartest du hingegen, daß viel mit dir geschehen wird, gute Dinge geschehen werden, dann bist du schon wieder voraus.

Du mußt mitten drin sein, einfach dabei sein.

Klar?

Geetam ist ein junger Deutscher - jung genug, um zu glauben, daß sein Leben problemlos sein sollte!

Erwarte nicht, daß dein Leben frei von Sorgen und Problemen sein wird. Jedes Leben ist voll von Sorgen und Problemen - manchmal weniger, manchmal mehr. Zum Leben gehören Sorgen und Probleme einfach dazu.

Jedes Leben hat einen *Drang* in eine bestimmte Richtung, aber die Welt nimmt darauf nicht immer Rücksicht. Daraus entstehen Probleme: Etwas stellt sich diesem Drang entgegen - wir treffen auf ein Hindernis, etwas arbeitet gegen uns. Das ist unvermeidlich. Es gibt nur einen Ausweg, nämlich den, im Leben nicht auf irgend etwas Bestimmtes zu drängen.

Kannst du dir vorstellen, wie ein Leben ohne Drängen, ohne Streben aussieht?

Es bedeutet, daß du jeden Moment so nimmst, wie er ist. Du bist einfach im Augenblick. Und selbst wenn jemand meint, du bewegst dich in eine bestimmte Richtung, so stimmt das nicht. Du machst nur einen Schritt nach dem anderen, und zufällig folgen die Schritte einander in eine bestimmte Richtung. Aber nichts drängt dich in eine bestimmte Richtung.

Dann hast du keine Probleme, denn du versuchst nicht, irgendwohin zu gelangen oder irgend etwas zu erreichen. So kann kein Problem entstehen. Was auch passiert, das ist es. Da kann es keine Probleme geben. Probleme tauchen erst auf, wenn du etwas willst, aber etwas anderes bekommst. Das ist das Problem. Das ist sogar genau das Problem.

Nichts ist an sich ein Problem, aber wenn du etwas Bestimmtes willst und stattdessen etwas anderes bekommst, dann sagst du: "Ich hab ein Problem."

"Was ist dein Problem?"

"Also, ich wollte da etwas machen; aber dann ist etwas anderes passiert. Jetzt habe ich ein Problem."

So beschreiben wir es, auf Grund unseres Ziels und unserer Vorliebe. Keine Vorliebe, kein Drang in eine bestimmte Richtung - kein Problem.

Du wirst deine Vorlieben nicht sofort aufgeben. Ich sehe, daß du Energie dafür hast, immer in eine bestimmte Richtung zu drängen. So warne ich dich nur; du wirst Probleme haben.

Ich will nicht sagen, daß du auf alle Fälle Probleme haben wirst. Ich drücke es vorsichtiger aus: "Erwarte nicht, *keine* Probleme in deinem Leben zu haben."

Wenn Probleme auftauchen, hat es keinen Sinn zu sagen: "Mein Gott, jetzt habe ich noch mehr Probleme!" Du hast Probleme in deinem Leben, ich weiß das wohl, und du ärgerst dich darüber, daß du Probleme hast.

Aber ich sage dir, daß es unvermeidlich ist. Akzeptiere die Probleme. Solange du etwas erreichen willst - sogar wenn es nur ist, ein *gutes, vergnügliches Leben* zu führen; das ist schon ein Ziel - wirst du Probleme haben.

Es ist nicht nur eine Frage von Worten, es ist nicht nur eine Frage von Höflichkeit und Lächeln. Das ist nur die Spitze des Eisberges. Es geht vielmehr darum, daß wirklich alles, was die Persönlichkeit ausmacht, ein erlerntes System ist; eine Vielzahl von erlernten Systemen, so zusammengepackt, daß sie ineinander greifen.

Und das macht die Persönlichkeit als Ganzes aus. Nicht nur Teile davon. Alles.

Der Pilz in der Suppe - die Wahrheit über Liebe

Jemand schreibt an Michael, daß andere ihn für einen liebenswerten Menschen halten, der eine gute Atmosphäre um sich verbreitet. Doch er ist sich dessen nicht bewußt, es verwirrt - und beleidigt ihn sogar - daß Menschen etwas in ihm sehen, von dem er selbst nichts weiß. Michael antwortet:

Er ist nicht der einzige, der nicht weiß, was Liebe ist. Für die meisten von uns ist die Liebe etwas sehr Mächtiges, Überwältigendes, das unser Lebensgefühl steigert und intensiviert; etwas, das zumindest am Anfang fast die ganze Zeit da ist, was immer man auch macht, egal ob man mit dem geliebten Wesen zusammen ist oder nicht.

Was der geliebte Mensch dir gegenüber empfindet, ist dabei von großer Bedeutung. Seine Einstellung dir gegenüber, seine Empfänglichkeit für deine Liebe, wie er mit ihr umgeht, wie er auf diese Liebe reagiert. All das scheint zur Liebe dazu zu gehören.

Sie ist eine starke Kraft, in deren Natur es zu liegen scheint, daß die geliebte Person und ihre Reaktionen eine zentrale

Rolle spielen. Sie ist etwas sehr Mächtiges, Brennendes. Es besteht überhaupt kein Zweifel daran, daß man liebt, wenn man liebt. Du denkst nicht: "Also, ich bin nicht wirklich sicher, ob ich sie liebe oder nicht." Fast jeder wird dir sagen, daß du nicht liebst, wenn du nicht weißt, ob du Liebe empfindest oder nicht.

Liebe ist etwas sehr Mächtiges. Aber die Liebe - die ich meine, und die ich *durch* jene Art von Liebe kennengelernt habe, die ich gerade beschrieben habe - diese Liebe ist keine heiße Liebe. Sie ist kühl, nicht warm und nicht kalt, lauwarm - ungefähr 22° Celsius für einen Warmblüter.

Diese Liebe ist kühl. Und es ist auch gut, daß sie kühl ist, denn Liebe hat überhaupt nichts mit einem anderen Menschen zu tun. Und gleichzeitig hat sie mit *allen anderen Menschen* zu tun. Wenn sie heiß wäre, könntest du nur ein oder zwei Tage wirklich lieben, dann wärest du einfach vollkommen ausgebrannt.

Stell dir vor, du liebst zehn Menschen gleichzeitig auf jene Art, wie wir uns Liebe normalerweise vorstellen. Stell dir das einmal vor. Dann zwanzig, fünfzig, hundert Leute, die du innig und leidenschaftlich liebst. Und ihr seid alle zusammen am gleichen Ort.

Wohin du auch blickst, überall siehst du jemanden, den du leidenschaftlich und über alles liebst; dein Herz macht Bumm, Bumm, Bumm. Du wendest dich von einem ab, gehst um die Ecke, und da steht schon die nächste, die du total liebst. Dein Herz macht wieder Bumm, Bumm, Bumm. Und noch jemand -

du beginnst zu zittern und zu schwitzen! Und noch jemand, und noch jemand, und noch jemand. Wie lange hältst du das aus? Wie lange würden wir das überleben?

Die universale Liebe, von der du vielleicht gehört hast, oder der Zustand von Liebe, von dem man sagt, daß ein menschliches Wesen in ihm verweilen kann, kann nicht wie die Liebe sein, die wir für einen geliebten Menschen empfinden, und das ist sie auch nicht.

Sie hat nichts mit irgend jemandem zu tun und hat doch mit jedem zu tun; aber nicht mit jedem als *Person*. Liebe ist etwas, das von der Nicht-Person ausgeht und zu der Nicht-Person in allen anderen fließt.

Die Person ist Teil der Nicht-Person. Die Person, für die du dich hältst, sitzt in deiner Nicht-Person. Deine Person ist rundherum von deiner wahren Nicht-Person umgeben, deiner Universalität, deiner Verbindung zum Universum. Du sitzt in ihr wie ein Pilz in einem großen Topf mit Suppe. Einmal schlucken, und weg ist er.

Der Pilz schwimmt mittendrin und hat so Anteil an der Liebe. Aber es ist möglich, jemanden zu lieben, obwohl man den besonderen Geschmack seines Pilzes nicht mag. Jeder Pilz hat einen anderen Geschmack, aber es ist die gleiche Suppe.

Doch wenn du deine Nicht-Person gefunden hast, stehst du sofort mit der Nicht-Person in allen anderen in Verbindung. Denn alle Nicht-Personen sind in dem gleichen *Space*, auf der gleichen Ebene.

Wenn du im Gebirge bist, siehst du vielleicht nur die

nächsten zwei oder drei Bergspitzen. Aber wenn du die ganze Bergkette von oben betrachtest, wie aus einem Flugzeug, dann kannst du alle Berge sehen, alle Gipfel - einfach alles. Und genauso ist es, wenn du in deiner Nicht-Person bist.

Ich habe ein 'Nicht' davorgestellt, weil es nicht um die Person geht, für die wir uns normalerweise halten. Die Nicht-Person ist nicht Nichts; sie ist eine Person ohne Persönlichkeit.

Wenn eine Nicht-Person sich umblickt oder mit einer anderen Nicht-Person Verbindung aufnimmt, dann ist das, was zwischen den beiden hin und her fließt, Liebe. Die Liebe *entwickelt* sich nicht, du beginnst auch nicht, dich in diese Person zu verlieben, weil du siehst, daß sie kosmisch ist - das wäre immer noch auf der Ebene von Persönlichkeiten. Das alles mag zwar passieren, aber es ist noch lange keine Liebe.

Liebe ist der Strom, der durch alle Wesen hindurchfließt und sie miteinander verbindet - das ist Liebe. Und sie ist weder warm noch kalt, sie ist lauwarm. Wenn es anders wäre, würden wir uns gegenseitig verbrennen, denn diese Art der Verbindung ist immer da. Es ist nicht so, daß sie erst zu wirken beginnt, wenn wir sie entdecken. Sie ist immer da.

Wenn du dich in diesem *Space*, auf dieser Ebene, befindest und mit der Nicht-Person in allen anderen verbunden bist, und wenn du dann mit jemandem, der sich auch auf dieser Ebene befindet, eine Liebesbeziehung hast, so bedeutet das, daß du ihren Pilz wirklich besonders gern magst. Dieser Pilz in der Suppe ist so geschmackvoll, daß du dich in ihn verliebst; er ist sehr attraktiv, also schaust du ihn gern an, nimmst Verbindung zu ihm auf, bist mit ihm zusammen; kurz, du hast eine Liebesbeziehung zu ihm.

Aber diese Art von Beziehung ist nicht das, was ich meine. Du magst dich für diese Person als Person interessieren, du magst dich von dieser Person in der Suppe angezogen fühlen, aber das ist noch lange nicht die Liebe, die ich meine; es ist etwas, das zu dieser Liebe hinzukommt.

Die Liebe, die ich meine, ist eigentlich unpersönlich, sie gehört zu einem bestimmten *Space*, zu einem bestimmten Zustand, den man in sich selbst finden kann. Sie ist ein Nebenprodukt davon.

Wenn niemand da ist - wenn du allein in deinem Zimmer sitzt und diesen Zustand gefunden hast - dann wirst du diese Liebe nicht spüren. Selbst wenn jemand hereinkommt, bedeutet das nicht, daß dieses etwas, das man Liebe nennt, sofort in irgendeiner erkennbaren Art zu fließen beginnt.

Ich behaupte, daß das, was zwischen den Menschen hin und her fließt, Liebe ist, aber das ist nicht alles. Sondern alles, was zwischen Menschen aus diesem *Space* heraus geschieht, ist Liebe, selbst wenn es nicht liebevoll aussieht; denn du gibst den anderen einfach Raum, akzeptierst die Wirklichkeit der anderen. Und *wenn* dieses auf der Ebene geschieht, auf der wir alle eins sind, dann muß das einfach Liebe sein.

Wenn du auf dieser Ebene mit anderen verbunden bist, und deine Persönlichkeit - die in gewisser Weise das Vehikel ist, mit dem du deine Aktivität in die Welt zu trägst - z.B. Zorn ausdrückt, dann kannst du sicher sein, daß dieser Zorn auch

Liebe ist.

Auf dieser Ebene existiert überhaupt niemand, der diese Liebe empfinden könnte. Wenn die Persönlichkeit miteingeschlossen ist, wirst du Liebe empfinden - im anderen Fall *weißt* du einfach, daß es Liebe ist. Denn du befindest dich nicht in einer Konflikt- oder Konkurrenzsituation; auf dieser Ebene gibt es keine Reibung zwischen dir und einem anderen lebenden Wesen. Und die Abwesenheit jeder Reibung zeigt, daß es sich hierbei um Liebe handelt.

Um wirklich in einem Zustand sein zu können, in dem du Liebe empfindest, mußt du auf *allen* Ebenen offen sein. Nicht nur für meine Worte und meine Energiearbeit, sondern für jede Energie, die zu dir von hier kommen kann. Wenn du dafür nicht offen bist, mußt du erst noch diesen Ort finden, an dem es keine Reibungen gibt.

Alles, was du über Liebe gehört hast, ist nichts weiter als ein Mythos. Sie ist nur eine Art Tanz des Egos, ein Streicheln deines Egos oder des Egos eines anderen, oder ein Austausch von Streicheleinheiten. Aber nicht *nur*, sondern jede Erfahrung mit dieser Liebe bringt dich mit Sicherheit auch der anderen Ebene näher.

Aber die Liebe, von der ich spreche, hat überhaupt nichts mit Beziehungen zu tun. Sie hat nur mit einer Art von Beziehung zu tun, und diese Beziehung ist in Wirklichkeit gar keine Beziehung, weil sie ein Eins-Sein ist, und Eins-Sein ist keine Beziehung.

Also sind all die Schwierigkeiten, die wir in unserem

Liebesleben und in unseren Beziehungen erleben, das Streiten, der Konkurrenzkampf, die Eifersucht und die Besitzansprüche - ich verstehe das alles gut, denn ich habe es in meinem eigenen Leben selbst bis zur bitteren Neige ausgekostet - all das ist einfach nur dazu da, etwas zu lernen, etwas aus dem Weg zu räumen. Aber Beziehungen an sich sind nicht unser eigentliches Lebensziel.

Du magst sie dafür halten, und sie mögen dir viel Freude bereiten; aber früher oder später, in diesem oder einem anderen Leben, wirst du merken, daß sie für deine Seele letztendlich nicht befriedigend sind.

Man muß über alle Beziehungen hinausgehen, um zu einer Beziehung mit allem und jedem zu finden.

Das klingt für viele bestimmt wie ein furchtbares Opfer, das glaube ich wohl; genauso wäre es vor zehn Jahren für mich gewesen - "Das will ich nicht verlieren."

Aber wir wissen natürlich auch nicht, was wir bekommen, wenn wir das andere verlieren. Man erlebt nicht unbedingt größeres Vergnügen oder mehr Freude - obwohl das möglich ist. Aber darum geht es nicht. Es geht darum, daß man ein Gefühl dafür bekommt, daß alles so ist, wie es wirklich ist.

Das ist es, was du bekommen wirst; nichts, was man auf den ersten Blick als eine phantastische Belohnung ansehen würde für all die Mühe, die Suche und die geleistete Arbeit, für all die Anstrengungen, die Verpflichtungen und die Sehnsucht. Man kann es nicht einmal beschreiben.

Doch was du bekommst - das *non plus ultra* - ist das Gefühl, daß die Dinge wirklich so sind, wie sie sind, im Guten wie im Schlechten; daß dies das wahre Wesen der Realität ist; daß es das Ende des Traumes ist - kein preisgekrönter Traum mit neunzehn Oscars, obwohl es in der Traumwelt großartig ist, wenn man sie bekommt - sondern das Ende aller Träume.

Aber solange man diesen Punkt noch nicht erreicht hat, kann man sich das nicht wirklich vorstellen.

Mit dem Verstand kann man nicht wirklich begreifen, was ich sage, aber trotzdem muß ich es sagen.

Wir alle machen unser ganzes Leben lang die verschiedenartigsten Erfahrungen, und selbst am gleichen Ort, z.B. hier, macht jeder andere Erfahrungen. Und diese Erfahrungen bringen uns alle letztendlich an einen Ort, der jenseits aller Erfahrungen liegt.

Das Du, das diese Erfahrungen macht, ist jenseits aller Erfahrungen. Du weißt per Definition über jede Erfahrung Bescheid, die du machst. Es ist unmöglich, eine Erfahrung zu machen, über die du nichts weißt.

Eine Erfahrung hat einen Anfang und ein Ende. Du kannst über keine Erfahrung berichten, die nicht einen Anfang und ein Ende hatte. Wer hat den Anfang und das Ende wahrgenommen? Etwas war da, bevor die Erfahrung begann, und etwas war da, nachdem sie endete.

Alle Erfahrungen kommen und gehen. Aber an welchem Ort geschieht das? In dir? Was ist es dann in dir, das diese Millionen von Erfahrungen gemacht hat, die kommen und gehen? Ist der - oder diejenige, die alle diese Dinge von Anfang bis Ende erlebt, selbst eine Erfahrung? Nein, denn dann müßte er oder sie auch kommen und gehen.

Ihr befindet euch also alle jenseits aller Erfahrung. Das ist offensichtlich. Das heißt, ihr *seid* auch dann, wenn ihr keine Erfahrungen macht. Was erfahrt ihr im Tiefschlaf? In der östlichen Philosophie ist dies eine eigene Ebene der Wirklichkeit: es gibt Wachsein, Schlafen und Tiefschlaf.

Aber wir brauchen deshalb nicht auf die *Upanishaden* zurückzugreifen; es reicht, wenn wir sehen, daß jeder von Zeit zu Zeit tief schläft, ohne zu träumen. Wie weißt du in diesem Fall, daß du noch existierst? Wenn du glaubst, daß du dein Bewußtsein bist, wo bist du dann im Tiefschlaf? Wenn du träumst, spielt dein Bewußtsein mit anderen Bildern, ein anderes Spiel, auf einer anderen Ebene; wir akzeptieren das, aber was passiert, wenn du nicht träumst? Wo bist du dann? Wer bist du? Was bist du?

Oder *bist* du überhaupt? Verschwindest du womöglich? Bis dann jemand an deine Tür klopft, wo immer du gerade bist, und sagt: "Du kommst jetzt besser zurück; es ist Zeit aufzustehen oder zu träumen." Du mußt irgendwo sein.

Wenn du also irgendwo bist, wie kann dann etwas, das du kennst, wie z.B.: Aufwachen, Bewegen, Denken, Lieben, Träumen, Hoffen und alle anderen Dinge, von denen du weißt, daß du sie tust - wie kannst du irgendeines dieser Dinge oder alle diese Dinge sein, wo du doch manchmal ohne sie existierst, ohne überhaupt irgend etwas?

Wer bist du dann? "Ich will darüber nichts wissen; es reicht mir, mein bewußtes Leben zu erforschen; ich will nur noch ein paar Wünsche mehr zusammensuchen; von diesem ganzen Tiefschlafzeug will ich nichts wissen." Das kannst du zwar sagen, aber du kannst das Tiefschlafzeug nicht ignorieren.

Wenn du wissen willst, was was ist, dann mußt du dich damit befassen.

Du kannst zwar Befriedigung in einem neuen Job finden, du kannst eine wunderschöne Zeit mit deiner neuen Geliebten verbringen, du kannst ein weiteres Kind bekommen, und die Zeit mit ihm genießen, und du kannst in ein anderes Land gehen und eine aufregende Zeit in einer vollkommen neuen Umgebung verbringen; du kannst all das tun, aber es wird dich der Wahrheit nicht näher bringen.

Du kannst dadurch die Wahrheit finden - du kannst die Wahrheit durch alles finden - aber sei dir bewußt, daß du die Wahrheit sicher nicht durch Veränderungen auf der Erfahrungsebene finden wirst.

Bis du die Wahrheit gefunden hast, die die Grundlage unserer Wirklichkeit ist, wirst du nie glücklich, nie zufrieden sein. Du wirst ein bißchen Glück finden, aber es wird nicht andauern. Denn es wird immer wieder die Frage auftauchen: Und was ist damit?

Solange du die Wahrheit nicht gefunden hast, ist die Basis deines Lebens nicht das, was wirklich ist.

Vyasa ist eine junge Deutsche, die gesteht, daß sie das Leben an der University manchmal ziemlich hart findet, mit all den Problemen, die beim Zusammenleben und Arbeiten hochkommen. "Aber es lohnt sich", sagt Michael.

Hinter der Begeisterung für das Leben, die manche Menschen an den Tag legen, verbirgt sich die Furcht, daß alles nur Staub ist. Also suchen sie nach immer Neuem, das sie begeistern kann.

Das letzte, was du empfindest bevor du das Tor durchschreitest, ist Langeweile. An dem Punkt hörst du auf, nach etwas zu suchen, das dich interessiert. Und dann erkennst du, daß die Grundlage, auf der du dein Leben gelebt hast - dich überall umsehen, suchen, etwas bekommen wollen, die Welt manipulieren, um etwas zu erreichen - ein Schwindel ist.

Du mußt alle Illusionen aufgeben. Solange du es nicht tust, wirst du immer wieder hingerissen sein von einer Sache oder einer Vorstellung, die phantastisch erscheint. All dieser Tand des Lebens muß für dich jede Anziehungskraft *verlieren.*

Ich sage ganz und gar nicht, daß du das Leben aufgeben sollst - du weißt, daß ich selbst nichts aufgebe - aber ich erlebe es nicht als das Wesentliche.

Man muß es also für eine Weile aufgeben, um die Grundlage für eine wahre Beziehung zu allem zu finden - zu dem, was du ißt und trinkst, zu denen, die du liebst, zu allem - die richtige *Grundlage* für alles.

Später kannst du dem etwas hinzufügen, je nach dem, was für ein Mensch du bist. Wenn du ein Gesundheitsfreak bist, nimmst du vielleicht Salat, Tomaten, Gurken und ein bißchen frisches Gemüse dazu. Wenn du Michael bist, ist es vielleicht ein Steak mit Pommes frites und Senf. Aber das kommt erst später.

Finde zuerst das Königreich Gottes, und alles andere wird von selbst dazukommen.

Nur die Erfahrung des Augenblicks kann irgend jemanden irgend etwas lehren, das es wert ist, verstanden zu werden. Nicht einmal meine Worte können da helfen; sie können nur alle, die nicht so leben, dazu ermutigen, sich von ihren Vorstellungen, Glaubenssystemen, Phantasien, Hoffnungen und Zukunftsplänen zu verabschieden und sich stattdessen dem bewußt zu werden, was gerade geschieht: dieser Atemzug, diese Bewegung, dieser Ton, dieses Gefühl - meine Worte können dir nur die Richtung zu diesem Ort weisen, in Stille.

An diesem Ort gibt es niemanden mehr, der irgendwelche Erfahrungen macht. Dann bist du einfach da, so wie das ganze Universum einfach da ist, in Verbindung mit allem, immer.

Und meine ganze Arbeit dient nur dazu, dich in diesen einfachen *Space* zu bringen, auf eine Ebene, die immer da ist, aber zu der es so schwierig ist zurückzukehren.

LEBEN WIE ATMEN

Ich behaupte, kurz gesagt, daß der Zustand der Erleuchtung eine Temperatur von genau 22° C hat. Man lebt nicht in einem Zustand der Ekstase. Wenn es so wäre, könnte man nicht lange leben, man würde es einfach nicht aushalten.

Diese Zustände von Ekstase, denen man auf dem Weg begegnet, sind freigesetzte Energien, die eingeschlossen waren und die sich nun wegen ihrer wiedergewonnenen Freiheit in Ekstase befinden. Wenn du einen Gefangenen befreist, der lange Zeit in einem dunkeln Verlies unter der Erde eingesperrt war, wird er sofort in Ekstase geraten. Aber zwei oder drei Tage später, wenn er mit ein paar Problemen dieser Welt konfrontiert worden ist, wird er möglicherweise wieder finster dreinschauen, nicht so finster wie im Verlies, aber trotzdem kann sich seine Ekstase ziemlich schnell in Luft auflösen. Solch eine Ekstase kann nicht ewig dauern.

Diese Art von Ekstase ist erstens, das Freiwerden von blockierter Energie und zweitens, sowieso nur ein relativer Zustand.

Ich hatte in meinem Leben, bevor ich den *Non-Space* fand,

viele Satoris, viele Explosionen, oft das Gefühl von totalem Eins-Sein, der Einheit mit Allem, das Denken völlig ausgeschaltet. Die erste all dieser Erfahrungen war die stärkste. Als ich sie erlebte, hatte ich natürlich schon etwas über Erleuchtung gelesen. Ich war an einem Ort, der Poona heißt, und war dort von dem ganzen Erleuchtungs-Ethos umgeben; ich lebte in der Gegenwart eines erleuchteten Mannes - was Rajneesh sicherlich war - aber ich hatte keinerlei Erfahrung mit diesem Zustand.

Dann erlebte ich ihn selbst - gerade an meinem Geburtstag - und er dauerte zwei Tage. Ohne Frage erschien er mir stärker als alles, was ich später erlebt habe. Denn ich *verglich ihn mit dem Zustand, in dem ich vorher war.*

Das erste Mal ist es immer am stärksten. Damit ist etwas in dir erwacht, von da an ist es mehr als nur eine Möglichkeit, es kann jederzeit wieder geschehen. Und wenn du es dann wieder erlebst, sagst du: "Ach ja, richtig. Großartig, es ist wieder da." Aber, "Großartig, es ist *wieder* da", ist keine so überwältigende Aussage wie, "Mein Gott, so ist das also! Mein Gott, *das* ist es also, von dem ich so viel gehört habe!" Darin steckt viel mehr Energie als in, "Aha, es ist also wieder da, wunderbar." Das ist vergleichsweise bescheiden.

Diese ekstatischen Zustände sind also erstens, ein Freiwerden von blockierter Energie, zweitens, sind sie nur relativ, und drittens, ist noch immer jemand da, der diese Ekstase erlebt.

Wenn man wirklich erleuchtet ist, gibt es niemanden mehr. Man ist eins mit dem Kosmos. Natürlich ist das ein sehr schöner

Zustand, aber man würde ihn nicht ekstatisch nennen, obwohl es leichter ist, von dort aus in Ekstase zu geraten. Denn es stehen keine Blockaden mehr im Weg.

Es ist wie wenn du beim Autofahren Benzin sparen willst, und deshalb auskuppelst und den Wagen dann im Leerlauf den Hügel hinunter rollen läßt. So ungefähr fühlt es sich an.

Du bist nicht darauf programmiert, etwas zu tun. Du bist in nichts verwickelt, du reagierst nicht, du begehrst nichts, du bist hinter nichts her, du rollst im Leerlauf den Berg hinunter. Alles ist sehr normal, auf eine schöne Art normal. Es handelt sich um einen absolut normalen, gewöhnlichen Zustand.

Nicht normal, in dem Sinn, wie du es vorher verstanden haben magst, sondern einfach wirklich ganz normal.

Es ist wie atmen, so als ob das *ganze System* atmet; mühelos und natürlich. Atmen ist deine natürliche Verbindung mit der Umwelt; ein und aus. Es gibt keinen Unterschied zwischen dem Einatmen und dem Ausatmen, etwas kommt herein und geht wieder hinaus - es sei denn, du praktizierst *Pranayama* oder machst irgendeine Übung. So fühlt es sich an, erleuchtet zu sein. Du bist einfach da.

Es gibt also nichts, das du einkreisen und von dem du sagen kannst: "Das bin ich, und *ich* bin in einem Zustand der Ekstase."

Ekstatische Zustände sind wunderschön; sie zeigen an, daß du dich immer mehr einem Zustand näherst, in dem sich alles auflöst, wo der Topf zerbricht, der auf dem Grund des Ozeans liegt.

Genauso ist es. Dein Topf im Ozean ist innen voll Wasser und auch außen von Wasser umgeben. Das gleiche Wasser, nur der Topf trennt den Ozean von dem Wasser im Inneren des Topfes. Und wenn der Topf zerbricht, kannst du spüren, wie sich der Ozean durch dich hindurch hin und her bewegt. Trotzdem hast du immer noch eine Präsenz, ein Dasein, bist du ein Teil des Ozeans.

Natürlich kann man süchtig werden nach Ekstase. Manche Drogen können dich in Ekstase versetzen. Vielleicht liebst du in gewisser Weise die Ekstase und arrangierst dein Leben dementsprechend. Tu das nicht. Natürlich sollst du Ekstase zulassen, wenn sie aufkommt, aber sie ist nicht das Endprodukt. Das Endprodukt ist Niemand-Sein.

Celestia ist eine Dänin, eine Rechtsanwältin, eine ernsthafte Sucherin. Sie hat drei Jahre an der University gelebt. Im Sommer kehrte sie für ein paar Wochen dorthin zurück. Bevor sie wieder abfährt, sagt Michael zu ihr:

Denk an die Einfachheit.

Das heißt nicht, sei einfach. Ich meine nicht, daß du einfach sein sollst. Sondern mir geht es darum, zu erkennen, welche Einfachheit in allem steckt.

Nur der Verstand macht alles kompliziert. Alles, was uns begegnet, ist einfach, absolut einfach. Wenn wir überlegen, was wir mit dem, was uns begegnet, anfangen sollen, beginnt es, kompliziert zu werden. Wenn wir überlegen, wie wir das, was geschieht, nutzen sollen, dann wird es kompliziert. Aber die eigentliche Verbindung, die wirkliche Begegnung mit dem, was ist, ist ganz einfach.

Nichts könnte einfacher sein. Doch wenn du Einfachheit *hinzufügst*, ist das - wie die Zen Leute sagen - als ob man einen Kopf auf einen Kopf stülpt.

Einfachheit ist das Wesen der Dinge.

Ich sage also nicht, sei einfach, sondern, versuche mehr und mehr, die Einfachheit des Augenblicks zu erkennen.

Jeder Augenblick - in dem wir wach und offen sind, in dem wir so weit wie möglich hier und jetzt leben - gibt uns die Möglichkeit herauszufinden, was wirklich ist. *Keine* Vorstellung, die du von irgend jemandem übernommen hast, nichts, was du in einem Buch gelesen hast, keine Traumbilder aus irgendwelchen Filmen von Helden, idealen Menschen oder idealen Gegebenheiten sind von *irgendwelchem* Nutzen.

Jeder von uns hat eine Wirklichkeit, ein Potential in sich, das *auf jeden Fall* realisiert werden kann, aber *nur* durch Aktion und Präsenz im Augenblick. Man kann sich nicht durch Vorstellungen *weiterentwickeln*. Jede Vorstellung ist nur eine Bewegung von Energie, die von der Ebene ausgeht, von der alles kommt. Also ist es nur logisch, zu dieser Ebene zurückzukehren, von der die Vorstellung stammt, anstatt zu versuchen, etwas aus dem kleinen Energiereservoir herauszuholen, das die Vorstellung ausmacht.

DER STAUB IST UNSERE GESCHICHTE

Michael hat einer Frau den Goose Namen Dasabala gegeben. Er bedeutet 'ohne Angst.' Michael erklärt dazu:

Der Name besagt, daß du die Kraft hast, alle Angst in dir zu überwinden. Er bedeutet, daß du alles, was auf dich zukommt, als eine Herausforderung betrachtest, als etwas, durch das du mehr entdecken kannst, das dich weiter und zu größerer Tiefe bringt.

Alle Hindernisse auf dem spirituellen Weg sind nur eingebildet, denn du kannst das Ziel sofort und jederzeit erreichen. Doch solange du glaubst, daß es einen Weg gibt, wirst du auch auf Hindernisse stoßen. Und solange es Hindernisse gibt, mußt du furchtlos sein.

In dem Augenblick, in dem du einem Hindernis ausweichst, kannst du den Weg nicht mehr zu Ende gehen. Viele denken sich: "Dieses eine Mal drücke ich mich." Sie suchen sich aus, vor was sie sich drücken, und was sie angehen und überwinden wollen.

Aber meiner Meinung nach muß man sich jedem einzelnen

Hindernis auf seinem Weg, jeder Herausforderung, stellen. Wenn du versuchst, dich davor zu drücken, findest du vielleicht einen Umweg, aber er wird viel länger dauern.

Es liegt in der Natur der Dinge, es gehört zu der komplexen Bewegung des Lebens, daß wir alle genau das bekommen, was wir als nächste Herausforderung brauchen, genau zur richtigen Zeit. Man ist also während des ganzen Weges mit Herausforderungen konfrontiert, sonst gäbe es keinen Weg. Die Hindernisse machen den spirituellen Weg aus. Er besteht nicht darin, sich treiben zu lassen und das zu tun, was einem leicht fällt. Das ist nicht der Weg - jeder kann so leben.

Auf dem Weg sein bedeutet, sich den Hindernissen zu stellen, durch sie hindurchzugehen und sie zu überwinden, so wie sie kommen. Sonst ist das ganze Konzept von einem spirituellen Weg sinnlos.

Du bist nicht getrennt davon. Du bist nicht diejenige, die den Weg geht, die entscheidet, wo du lang gehst und wo nicht. Du bist der Weg. Indem wir uns dem stellen, was auf uns zukommt, scheinen wir das Hindernis zu überwinden; aber in Wirklichkeit erkennen wir einfach, daß das Hindernis niemals ein Hindernis war.

Du kannst hier und jetzt erleuchtet werden. Jeder kann das. Doch solange man es nicht ist, gibt es einen Weg - um an einen Punkt zu gelangen, an dem man hier und jetzt erleuchtet werden kann.

Man wird immer genau hier und jetzt erleuchtet. Es gibt keinen Weg zur Erleuchtung. Man wird immer im Augenblick erleuchtet, denn es ist ein totaler Bruch. Es gibt keine vorbereitenden Schritte. Man erkennt plötzlich, wie die Dinge sind, und das kann in jeden Augenblick passieren.

Aber du kannst es nicht erzwingen, denn es ist einem völlig anderen Gesetz unterworfen. Du kannst nichts unternehmen, damit es geschieht. Alles, was du tun kannst, ist, einen Ort in dir selbst zu finden, an dem es zwar immer noch passieren muß, aber an dem die Wahrscheinlichkeit größer ist, daß es geschieht.

All die Energiearbeit, mit der wir uns in der *Wild Goose Company* beschäftigen, wird dich nicht zur Erleuchtung bringen. Der Schritt zur letzten Erkenntnis muß immer noch geschehen. Aber die Energiearbeit räumt viele der üblichen Hindernisse aus dem Weg. Sie gibt dir ein Gefühl für die Kontinuität des Lebens, für die Verbindung mit allem, für das Eins-Sein mit allem. Sie zeigt einen Weg, wie man mit all dem Zeug umgehen kann, das hochkommt, das normalerweise unser Leben bestimmt. Sie zeigt, wie man alle Probleme einfach als Energie *Happening* betrachten kann, und daß sie sich auflösen und in etwas anderes verwandeln, wenn man nur dabei bleibt.

Diese Methoden können viel bewirken, sie können die Landschaft ebener machen - so wie die Landschaft im Grunde ja auch ist - damit sie zu der kosmischen Landschaft paßt, die konturenlos ist, denn sie ist eins. Der Kosmos hat in der Tat keine Konturen. Es gibt auf der Ebene, von der ich spreche, kein Du und kein Ich. Man erkennt, daß der Kern unseres

Geistes der gleiche ist wie der aller Wesen und aller Dinge. Dieses Fehlen jeglicher Getrenntheit gilt es zu entdecken.

Egal womit du arbeitest, diese Entdeckung steht noch aus. Aber es ist leichter, zu dieser Erkenntnis zu kommen, wenn man sich mit den Hindernissen und den Dingen, die nicht dazu gehören, wirklich auseinandergesetzt hat. Eigentlich sind es nicht Hindernisse auf dem Weg zur Erleuchtung - denn es gibt keine Hindernisse auf diesem Weg - sondern es geht darum zu erkennen, was nicht dazu gehört.

Man kann spüren, daß Eifersucht nicht dazu gehört, man kann spüren, daß Gier nicht dazu gehört, man kann spüren, wenn man sensibel ist, daß Stolz nicht dazu gehört. Man kann fühlen, daß Widerstand gegen das Leben nicht dazu gehört. Man erkennt das. Es hat nichts mit Erleuchtung zu tun, es hat etwas damit zu tun, sich in den bestmöglichen Zustand in diesem Leben zu bringen. Es bringt dich auch zur Erleuchtung, aber das muß nicht das Motiv sein. Jeder sensible Mensch, der sich mit sich auseinandersetzt, wird anfangen, in die Richtung zu arbeiten, in die der Weg weist.

Man kann etwas über den buddhistischen Weg lesen oder über den Sufi Weg oder über all die anderen Wege, die es je gab; aber alles, was die Lehrer dieser Schulen verlangen, ist das gleiche, wie das, an dem jeder so und so arbeitet, der sich ernsthaft mit sich selbst beschäftigt. Denn es gehört ganz offensichtlich nicht zur Offenheit und Einfachheit dazu.

Der Weg zeigt sich also immer, und er besteht immer aus den Hindernissen, die man überwinden muß. Er ist kein

Spazierweg, der in die Ferne führt, ins Sonnenlicht, ins Paradies. Er ist vollgepackt mit Hindernissen.

Man braucht also Mut, den Dasabala-Mut, um zu sagen: "Was auch immer auf mich zukommt, ich werde mich dem stellen, denn es ist das, was mir gegeben wird." Bleib nicht zurück und sage: "Das mache ich nicht" - das hat keinen Wert. Jemand, der so etwas sagt, ist - vom einem spirituellen Standpunkt aus gesehen - wertlos.

Betrachte dich also bitte nicht als unabhängig von dem, was sich dir in den Weg stellt.

Inka ist eine junge Studentin, die die University zusammen mit ihrem Freund besucht, der schon lange Zeit zur Wild Goose Company gehört. Während ihres Aufenthalts bekam sie nicht nur den Goose Namen Inka, sondern Michael sagte zum Abschied auch noch folgendes zu ihr:

Inka, du weißt, daß wir Dinge aufschieben, aber nicht aufhalten können. Man muß sich mit allem in der Welt auseinandersetzen, denn alles ist einfach eine Projektion des Menschen.

Ein Mensch kann in gewisser Weise nur Spiegelungen seiner selbst erfahren. Es gibt vieles, was wir als Menschen niemals erfahren werden. Ganz zu schweigen von der Tatsache, daß wir nie wie ein Vogel am Himmel fliegen werden, der Tausende von Kilometern zurücklegt, wenn er nach Süden zieht und später wieder zurückkehrt; und wir werden nie wirklich in die tiefsten Tiefen des Ozeans gelangen - sogar auf dieser einfachen Ebene gibt es Dinge, von denen wir nichts wissen, einfach aus dem Grund, weil *sie noch nie jemand erlebt hat.*

Also sind alle erfahrbaren Dinge nur Spiegelbilder unserer selbst - wenn nicht von uns, dann von jemand anderem. Aber wir sind alle ein und dieselbe Person, von der jeder verschiedene Aspekte auf der Ebene der Erscheinungen zum Ausdruck bringt. Ansonsten sind wir alle vollkommen identisch.

Wir drücken alle verschiedene Aspekte aus, und unsere Lebensaufgabe besteht darin, zu der Nicht-Erscheinungsebene zurückzukehren, die alles beinhaltet. Das bedeutet, daß wir alles einschließen müssen.

Auch ein großer Philosoph wie Nietzsche hat das auf seine Weise erkannt. Er sagte: "Letztendlich muß man die ganze Welt in seine Seele bringen." Das ist die gleiche Aussage, nur anders formuliert.

Wenn du also in deinem Leben auf etwas triffst, vor dem du Angst hast - wie diesen Ort, meine Arbeit, mich - so ist das in Ordnung. Du kannst es aufschieben, du kannst sagen: "Nein, ich fühle mich noch nicht bereit dazu." Aber früher oder später, hinter der nächsten Ecke, oder der übernächsten, oder der darauf folgenden, mußt du dich dem wieder stellen.

Denn *du* mußt durch alles hindurchgehen. *Jeder* muß durch alles hindurchgehen. Es gibt keinen Ausweg. Es hat keinen Sinn zu sagen: "Ja, aber ich bin anders." Du bist nicht anders. Jeder muß mit seinem ganzen Zeug ins Reine kommen, um Klarheit, Einfachheit und Leere zu finden.

Alles muß geklärt werden. Und was dir auf dem Weg begegnet, hast du *angezogen,* damit du etwas klären kannst.

Wir denken, wir wollen das nicht und laufen davon. Aus meiner Sicht ist das lächerlich, vollkommen lächerlich, denn wir haben das genau deshalb angezogen, *um* uns damit auseinanderzusetzen.

Doch dann geschieht es, und ein Teil unseres Kopfes sagt: "Nein, ich will das nicht, laß mich damit in Ruhe." Aber es wird immer wieder auftauchen, weil wir es brauchen.

Also wird es uns ein paar Wochen später, ein paar Monate später, ein paar Jahre später - vielleicht sogar ein paar Leben später - wieder begegnen, damit wir den Teil in uns anschauen, der etwas durch dieses Ereignis zu lernen hat.

Verschieb es also ruhig auf später, beende dein Studium, aber früher oder später wird dir so etwas wie hier oder so jemand wie ich wieder begegnen, und du wirst dich dem stellen und herausfinden müssen, was es für dich bedeutet.

Hoffentlich werde ich das sein, denn ich mag dich, aber wenn nicht, dann wird es jemand anderes sein.

Akashi ist Amerikaner, ein Einzelgänger. Er ist seit ein paar Wochen an der University, gerade zu einer Zeit - es ist Sommer - in der viele Menschen dort zu Besuch sind und viele Seminare stattfinden. Er tut sich schwer und wehrt sich oft gegen diesen Platz. Michael fragt ihn:

Kämpfst du immer noch?

Ja. Ich fühle mich wie in der Mitte durchgebrochen. Mein Rückgrat fühlt sich an, als ob es zerbrochen wäre. Ich habe auf einer tiefen Ebene kein Gefühl von mir selbst. Ich fühle mich abgeschnitten.

Das ist gut. Es ist gut, daß du das fühlst, denn vorher hast du es nicht wahrgenommen, obwohl es auch schon so gewesen sein muß.

Es ist nicht plötzlich passiert. Du hast nur eine große Bewußtheit entwickelt. Jetzt willst du wissen, was du dagegen unternehmen sollst, nicht wahr?

Ich möchte mit mir in Kontakt kommen.

Aber das bist du schon. Du hast das Gefühl, zerbrochen zu sein; was heißt das anderes, als daß du mit dir in Kontakt bist? Du magst eine andere Vorstellung davon haben, was es bedeutet, mit sich in Kontakt zu kommen, aber wenn du dir heute bewußt bist, daß du in zwei Teile zerbrochen bist - was du wahrscheinlich dein ganzes Leben lang warst, zumindest seit du erwachsen bist - dann bedeutet das meiner Ansicht nach, Akashi, *daß* du mit dir in Kontakt gekommen bist.

Darüber hinaus behaupte ich, daß gerade die Erkenntnis, daß es diesen Bruch in dir gibt, die Verbindung der beiden Teile beschleunigen wird.

Es ist, als ob du mit dir selbst Verstecken spielen würdest. Das funktioniert nicht. Du kannst dich nicht verstecken und dann so tun, als ob du nicht weißt, wo du bist. Aber wir alle machen es trotzdem, da wir uns in verschiedene Teile aufspalten können.

Und die ganze Geschichte mit dem Unbewußten, so wie Freud sie in der Psychoanalyse entwickelt hat, beruht darauf, daß man, um etwas in das Unbewußte verdrängen zu können, es erst einmal ansehen und dann entscheiden muß: "Nein, das will ich nicht sehen." Wenn wir bei diesem Modell bleiben, kennen wir also schon alles, was sich im Unbewußten befindet - wie hätten wir sonst entscheiden können, uns dessen nicht bewußt sein zu wollen? Wir kennen es also schon. Wir spielen Verstecken mit uns selbst.

Man spaltet sich auf, damit man auf eine bestimmte Art leben kann, während man einen anderen Teil von sich selbst verleugnet. Das ist das Versteckspiel.

Du hast erkannt, daß du es auch so gemacht hast, wie kannst du dann dieses Spiel noch weiterspielen?

Das zu *erkennen* bedeutet schon Heilung. Nicht: "Was muß ich jetzt alles tun? Bioenergetik, Übungen zum Erden?" Du kannst das alles tun, aber darum geht es meiner Meinung nach nicht.

Es geht vielmehr darum, einfach weiter zu beobachten, was mit dir in dieser Situation geschieht - es ist sicher eine schwierige Situation für dich hier, mit all diesen Menschen so eng um dich herum. Du hast bisher einen ziemlichen Abstand zu anderen Menschen gehalten. Jetzt bist du genau in der Mitte einer aktiven *Community*, in der bewegtesten Zeit des Jahres. Das ist perfekt. Denn jeden Moment, jedesmal, wenn du dich setzt, um mit jemandem zu plaudern, wird dir etwas von dir selbst gezeigt.

Was in den anderen vorgeht, ist für einen Sucher zweitrangig. Vorrangig ist, dir bewußt zu sein, was mit *dir* geschieht. Was geht in dir vor, wenn diese Person dieses macht, jenes sagt, dir so antwortet, so auf dich reagiert, dich so behandelt? Wie fühlst du dich, verletzt es dich, oder freut es dich? All das gehört dazu, wenn du dir darüber bewußt werden willst, was in dir vorgeht.

Es wird dich zu dir selbst - oder zum Nicht-Selbst - bringen, aber trotzdem ist es dieses Selbst, das wir hier anschauen müssen, um zu erkennen, was da ist, was wir konstruiert haben.

Während *du* denkst, alles sei schrecklich, denke ich, daß es großartig ist, denn es hängt nur davon ab, wie man das ganze betrachtet. Du sagst: "Ich fühle mich geteilt." Als ob das ganz plötzlich geschehen wäre. Aber das ist nicht der Fall.

Als ich 1970 in England zu arbeiten anfing, fühlte ich mich instinktiv zur Körperarbeit hingezogen. Leute kamen mit hochgezogenen Schultern herein - heute sieht man solche Leute nicht mehr so oft, weil viel in dieser Richtung geschieht, und die Leute mehr für sich tun, aber damals tat wirklich niemand etwas für sich - sie kamen also mit ihren verspannten Schultern zu mir, dann arbeiteten wir ein wenig, und sie begannen sich etwas zu entspannen.

Dann sagten sie: "Diese Gruppe war schrecklich für mich, Michael, meine Schultern sind so verspannt!"

Denn wenn du daran gewöhnt bist, fühlst du es nicht. Doch wenn die Spannung plötzlich abnimmt, kannst du sie in dir spüren, wie einen Kleiderbügel. Erst wenn du anfängst, aus etwas herauszukommen, beginnst du, es zu spüren. Wenn du diese Dualität in dir lebst, als ob sie du *wäre,* kannst du sie nicht fühlen. Du bist eins mit ihr.

"Es war einmal ein krummer Mann, der ging einen krummen Weg..." - aber er dachte, daß er gerade sei.

So sind wir alle. Erst wenn du plötzlich beginnst, dich aufzurichten, entdeckst du: "Mein Gott, war ich krumm."

Beklag dich also nicht, wenn solche Dinge passieren. Ganz

im Gegenteil, feiere es: "*Nun* habe ich dieses gesehen, jetzt habe ich jenes erkannt. Nun kommt das Verborgene ans Tageslicht. Die versteckten Ängste zeigen sich mehr und mehr. Jetzt kann ich vielleicht etwas dagegen unternehmen; solange sie verborgen waren, konnte ich das nicht."

Jeden Tag lebst du mehr hier und jetzt; da, wo du gerade bist, mit dir selbst, jeden Augenblick. Jeden Tag sehe ich dich große Schritte vorwärts machen. Und natürlich kommt dabei eine Menge hoch. Doch was du spürst, ist nur das Fieber der Krankheit, die ausgetrieben wird.

Ich erfahre mich wirklich nicht mehr als eine Person - mit dem Namen Michael Barnett - die ihr Leben lebt. So empfinde ich mich nicht mehr. Man kann es natürlich so sehen, aber das entspricht nicht meiner Erfahrung. Mein Erfahrung ist, daß ich zu keiner Zeit wirklich weiß, was als nächstes geschehen wird. Ich kann zulassen, daß etwas durch mich geschieht. Das Universum mag ein Projekt im Auge haben und mich benutzen, um es auszuführen. Das Projekt der *Wild Goose Company* muß so ein Projekt aus dem Unbekannten sein, denn ich habe kein Projekt. Wirklich, ich bin ohne Ziel. Aus dem Augenblick entsteht eine Bewegung, aber ich selbst habe kein Projekt.

DIE BLUMEN DER LEERE

Eine Juristin aus Deutschland, die schon lange zur Wild Goose Company gehört, kommt immer wieder für einige Zeit an die University, um sie dann wieder aus den unterschiedlichsten Gründen zu verlassen. Aber irgend etwas zieht sie immer wieder hierher. Zur Zeit lebt sie an der University. Sie scheint gern und häufig an Michael zu schreiben, obwohl er sie in seinen Antworten oft heftig kritisiert. Michael zitiert im Tuning In aus einem Brief von ihr:

> Im Augenblick bin ich in der klaren, kühlen Luft des Hochgebirges, ich habe einen Tag frei und genieße die Natur über alles. Dunkelgrüne Bäume, Wiesen voll farbenprächtiger, wilder Blumen und rauschende Wildbäche. Auch meine innere Welt beginnt allmählich etwas klarer zu werden.

Eine einfache Einleitung für einen Brief. Sie klingt nicht so, als ob man etwas dazu sagen müßte, trotzdem werde ich einen Kommentar dazu abgeben, denn *durch* diese Betrachtungsweise wird wieder einmal der Zugang zu dem Diamanten, zu der strahlenden Ursubstanz versperrt. *(Siehe 'Auf der Suche nach dem Diamanten', Seite 29)*

Sie erzählt mir, daß sie in den Alpen ist, daß es ihr Freude bereitet, in der Natur zu sein. Da gibt es keine Probleme, keine Schwierigkeiten und Kämpfe.

Kein Michael. Alles ist wunderschön. Ein herrlicher, freier Tag, und genau der richtige Platz dafür. Auch ich war in der letzten Zeit manchmal dort und habe es sehr genossen.

Doch am Ende des Tages bin ich zurückgekommen, genau wie sie. Wo sind nun die grünen Bäume, die Wiesen und die bunten, wilden Blumen und die rauschenden Wildbäche? Wo sind sie jetzt?

Auch wenn du dort in den Schweizer Alpen, inmitten der wilden Blumen, bei den rauschenden Bächen ein kleines Zelt aufstellen und sagen würdest: "Das ist das richtige Leben für mich", glaube ich, daß das bald nicht mehr so wäre.

Ihr müßt verstehen, daß sie mir damit etwas sagen will, nämlich: "Das ist es, was ich mir wirklich vom Leben wünsche. Nicht all diese Mühen, diese Konflikte und Kämpfe, ich will mich nicht ständig mit diesem Ego auseinandersetzen müssen, das da unten weiterarbeitet. Alles, was ich will, ist, einfach nur in der Natur zu sein."

Und sie glaubt das. Es würde ihr jedoch nicht gefallen, wenn dort oben im Januar und Februar die Bäume kahl sind, und es keine Wiesen und wilden Blumen gibt, wenn die rauschenden Bäche unter einer dicken Eisschicht verschwunden sind, und es bitterkalt ist. Sie würde das überhaupt nicht aushalten. Sie kommt aus einer Großstadt. Es ist schön, nach den vielen Jahren in der Stadt ein solches Erlebnis zu haben, aber sehr bald würde sie die Stadt vermissen.

Deshalb spielt es keine Rolle, *wohin* du in der Welt gehst, du wirst nie die wirkliche Erfüllung finden. *Nirgendwo.*

Ich habe an mindestens fünfundzwanzig oder dreißig verschiedenen Orten gelebt, und alle hatten ihre eigenen Reize. Thailand, Singapur, Australien, Indien, Japan - an allen möglichen Orten habe ich gelebt, alle waren schön, aber keiner hat mich, wie man sieht, endgültig befriedigt, denn jetzt lebe ich in Italien. Alle hatten ihre Nachteile.

Du findest auf dieser Erde keinen Platz, wie schön, idyllisch oder vollkommen er auch immer scheinen mag, von dem du sagen könntest: "Also hier ist alles derart vollkommen, daß ich *zwangsläufig* erleuchtet werden muß, damit ich mit dieser Vollkommenheit der äußeren Wirklichkeit übereinstimme." Das ist einfach nicht möglich. Und ich glaube, niemand hier bezweifelt das.

Aber *dann* schreibt sie weiter: "Auch meine innere Welt beginnt, klarer zu werden."

Ah, das macht mehr Sinn. Kläre deine innere Welt, werde alle Probleme los, all das Durcheinander, all die Konflikte, all die Komplexe, all die Reaktionen, all die dunklen Löcher und hitzigen Emotionen - Eifersucht, Haß, Wut, Gelüste, Groll, Rache und Bitterkeit - kehre sie alle hinaus, reinige deine innere Welt, *dann* ist ganz sicher alles in Ordnung.

Viele Leute glauben das. Viele Leute hier denken: "Das wird mit Sicherheit eines Tages passieren. Es ist eine beschwerliche Reise, aber eines Tages, wenn die innere Welt ganz klar ist, werden wir soweit kommen. Darum geht es doch bei der ganzen Arbeit, nicht wahr? Man muß all diesen Müll loswerden, sich von dem ganzen Unsinn befreien, den wir mit unserer Erziehung und in unserer Kinderstube mitbekommen haben. Sei klar, sei einfach und offen, sei voller Liebe und lächle, dann erstrahlt dein inneres Wesen in seiner ganzen Vollkommenheit."

Eine wunderschöne Geschichte, an die Millionen Menschen glauben. Tausende *erzählen* diese Geschichte, und Millionen glauben sie. Doch es ist nichts weiter als eine Geschichte.

Laßt mich zunächst einmal dazu einen wohlbekannten Ausspruch zitieren, der Jesus zugeschrieben wird - er steht im Thomas Evangelium, das in diesem Jahrhundert in einer Höhle nahe dem Toten Meer gefunden wurde. Jesus soll gesagt haben: Wenn das Äußere zum Inneren wird und das Innere zum Äußeren, dann ist das Reich Gottes da.

Wenn das Äußere zum Inneren wird und das Innere zum Äußeren, gibt es keinen Unterschied zwischen Innen und Außen. Ich leite aus dieser Aussage folgendes ab: Es ist unmöglich, eine äußere Wirklichkeit zu finden - ich meine nicht nur einen Ort, wie die Berge oder die Täler oder die perfekte Stadt, den perfekten Stadtteil in der perfekten Stadt mit all den perfekten Freizeit- und Unterhaltungsmöglichkeiten und dem perfekten Klima, sondern all das zusammen - es ist unmöglich, den Platz auf Erden zu finden, der nicht nur theoretisch perfekt erscheint, sondern der tatsächlich perfekt für dich ist. Und genauso unmöglich ist es, den inneren Zustand zu finden, der perfekt für dich ist.

Kläre also auf jeden Fall dein Inneres. Das ist keine Zeitverschwendung, es macht das Leben viel angenehmer, vergnüglicher, entspannter und friedlicher. Doch du wirst dadurch nicht erleuchtet werden.

Nichts Inneres oder Äußeres wird dir je vollständige Befriedigung bringen - überhaupt nichts.

Vollkommene Befriedigung findest du erst, wenn es kein Innen und kein Außen mehr gibt; wenn alles verschwindet; wenn das Du sich wirklich geläutert hat und mit sich ins Reine gekommen ist - *wenn Er oder Sie nichts weiter* als eine Wesenseinheit ist - erst dann wirst du vollkommene Befriedigung finden. Das ist der letzte Sprung in das Niemand-Sein, und bis dahin wirst du, mehr oder weniger, immer noch Probleme haben.

Doch nun zurück zu ihr, sie ist schon einige Zeit hier, und hat den Großteil dieser Zeit damit verbracht, ihre Meditation auf Hochglanz zu bringen. Sie hat mehrere Jahre mit einem amerikanischen Roshi an ihrer Meditation gearbeitet; sie hat mit ihm gesessen, sie war bei ihm in Amerika. Wenn man sie im Tuning In sitzen sieht, sieht man sie in Meditation sitzen.

Aber *sie* sitzt immer noch in Meditation. *Sie* beobachtet immer noch - darin besteht die Meditation - was in ihr passiert.

Doch sie hat noch nicht einmal begonnen, sich *der* Person bewußt zu werden, *die da sitzt und beobachtet.* Sie ist eine Hülle, in deren Innerem eine Reinigung stattfindet - aber was für eine Hülle.

Wenn irgendetwas diese Hülle angreift, reagiert sie sehr heftig. Entweder vergräbt sie sich schnell in der Erde, oder sie verdrängt das Geschehene aus ihrem Gedächtnis, oder sie wird wütend auf mich oder sonst jemanden; sie klagt an, beschuldigt andere - sie tut alles, um nicht diejenige anschauen zu müssen, die fleißig damit beschäftigt ist, mit sich ins Reine zu kommen und zu meditieren.

Und solange sie das nicht angeht, wird sie letztendlich nichts erreichen. Ja, etwas wird sie schon erreichen. Eine gewisse Klarheit und Ruhe wird eintreten, aber sie wird nicht einmal für eine Sekunde einen Blick auf die Wirklichkeit dieses Lebens werfen können, so wie es immer war und wie es nur von wenigen Leuten erkannt und entdeckt wird.

Und in dieser Wirklichkeit ist niemand mehr da, der so hart an seiner Verbesserung, Reinigung und Läuterung arbeiten könnte. Die *Person,* für die du das alles tust, ist ein Mythos, eine Seifenblase, ein Rauchring, eine Sandburg, eine Welle auf dem Wasser.

Aber jeder versucht, sie irgendwie zu verbessern, sie aufzubauen, sie zu vergrößern, sie zu polieren, sie auszuleeren, sie zu reinigen, zu läutern und zu intensivieren - oder wie immer dein spezieller Versuch aussieht, dem zu entkommen, was du jetzt bist. All das ist nur eine Flucht vor dem, was du jetzt bist, sodaß du auf eine neue, bequeme Art mit dir zufrieden sein kannst, sodaß du dich akzeptieren kannst. Verbessere dich, damit du dich akzeptieren kannst.

So sieht die Arbeit aus, die viele Leute machen. Aber das entspricht überhaupt nicht der wahren Arbeit. Das ist die New-Age-Arbeit, aber sicherlich nicht die wahre Arbeit. Die wahre Arbeit ist genauso, wie sie schon immer war.

Ich bin kein Mitglied der New-Age-Bewegung, ich bin ein Mitglied der No-Age-Bewegung. Damit meine ich, daß sich die Arbeit niemals verändert. Die Arbeit ist heute die gleiche wie zu Buddhas Zeiten, zu Bodhidharmas Zeiten, zu Lao Tzus Zeiten, zu Huang Pos Zeiten, zu Dogens Zeiten, zu Han Shans Zeiten oder zu welcher Zeit auch immer - dieselbe Arbeit.

Und *diese Arbeit* wird sich *nie* verändern. Nicht wenn unsere Kinder groß sind oder deren Kinder oder deren Kindeskinder. Die Arbeit wird sich nie verändern.

Denn wie soll sich Leere verändern? Zu was? Wie kann sich Zeitlosigkeit verändern? Wie kann sich das Nichts verändern? Wie kann sich die Wahrheit verändern? Wie kann sich etwas verändern, aus dem die Welt, und auch du, entstanden ist, wenn es nicht einmal Teil des Raum-Zeit-Gefüges ist? Du brauchst Zeit, um etwas verändern zu können, und du mußt einen Weg zurücklegen, um von hier nach dort zu gelangen.

Sie geht also der wirklich wichtigen Arbeit, die getan werden muß, vollkommen aus dem Weg.

Es hängt davon ab, was du willst. Vielleicht willst du das

leichte Leben und magst deshalb aus Stolz gewisse Dinge nicht tun, die dir hier aufgetragen werden - für mich ist das okay. Du kannst hier leben, aber für dich wird dabei nicht viel herauskommen, vielleicht willst du das ja auch gar nicht. Vielleicht möchtest du nur, daß dein Leben etwas leichter ist als vorher. Das ist in Ordnung.

Du kannst an diese Person, an mich, keine Ansprüche stellen. Du kannst mit dieser Person kein Geschäft machen. Du kannst mit dieser Person keinen Vertrag abschließen. Ich habe *nichts mehr* zu verlieren, ich bin am Ende angelangt. Kleinigkeiten, sicherlich, aber nichts wirklich Wichtiges - damit habe ich abgeschlossen. Was kannst du da machen?

Aber *du* mußt noch am Ende ankommen. Unabhängig davon, ob du fertig werden möchtest oder nicht, du mußt es, denn das ist der unvermeidliche Lauf und die Richtung deines Lebens oder deiner Folge von Leben. Du kannst dem nicht entrinnen, du kannst dich nicht dazu entscheiden, einen anderen Weg zu gehen und kein Niemand zu werden. Es ist der Lauf der Dinge, und früher oder später wirst du das erkennen und entdecken müssen. Bis dahin spielst du bloß Verstecken mit dir selbst. Und ich versuche nur, dir etwas Zeit zu ersparen, damit auch du am Ende ankommen kannst.

Darin besteht der Unterschied zwischen dir und mir; ich will nichts, weil ich nichts habe und auch in diesem Augenblick vollkommen glücklich bin, nichts zu haben; du hingegen willst etwas. Du glaubst, daß du etwas möchtest, das schöner ist als das, was du hast. Aber eigentlich willst du auch nichts, denn nichts anderes als Nichts wird dich zufriedenstellen.

Wie ich schon gesagt habe, *nichts* in deinem inneren Leben und *nichts* in deinem äußeren Leben wird dich je *vollkommen* befriedigen. Es mag dir eine gewisse Befriedigung verschaffen, auch das bezweifele ich nicht. Du kannst viel Freude empfinden, ich bestreite das nicht. Aber es wird dich nie *vollkommen* zufriedenstellen.

Also wirst du immer weitersuchen. Früher oder später wirst du anfangen, dich nach etwas anderem umzusehen. Doch wenn du das findest, von dem ich hier spreche, hört die Suche auf. Aber das hast du nicht begriffen.

Vor einigen Tagen habe ich einen Brief von Amananda bekommen. Sie schreibt: "Ich erkenne, daß ich dich wie einen gewöhnlichen Menschen betrachtet und behandelt habe. Jetzt würde ich mich gerne entschuldigen, denn ich sehe, daß du das nicht bist."

Das ist eine wichtige Erkenntnis. Ich bin kein gewöhnlicher Mensch. Ich bin *auch* ein gewöhnlicher Mensch, das ist klar, aber ich bin auch kein gewöhnlicher Mensch. Ich bin kein außergewöhnlicher Mensch, ich halte mich nicht für etwas besseres. Ich sage, daß ich nichts mehr bin, und das bewirkt, daß ich kein gewöhnlicher Mensch bin.

Amananda kann das schon nach ein paar Tagen sehen, nach einer Gruppe mit mir. Aber meine Freundin hier - sie ist eine Juristin - die ich nun seit Jahren kenne, kann das nicht erkennen. Sie kann nur ihren Stolz sehen, ihre Weigerung, etwas außer sich selbst zu sehen.

Aber was sie nicht versteht, und was viele Menschen nicht verstehen, ist, daß mit der Weigerung, dieses in mir zu sehen - der ich ein Niemand, ein X-Beliebiger bin - sie sich auch weigert, es in sich selbst zu sehen. Denn es gibt nur einen Niemand. Alle Niemands sind der gleiche Niemand. Wenn du ein Niemand wirst, wirst du genau dort sein, wo ich in meinem Niemand-Sein bin.

Fähig und offen dafür zu sein, in einem anderen menschlichen Wesen das Niemand-Sein zu erkennen, heißt, sich für das eigene Niemand-Sein zu öffnen. Denn wir sind alle eins, Reflektionen voneinander.

Solange sie es nicht in mir oder jemand anderem akzeptieren kann, wirst sie es niemals in sich selbst finden können, da sie seine Existenz nicht anerkennt.

Es spiegelt sich einfach die ganze Zeit wieder. Wir befehden uns gegenseitig, kämpfen gegeneinander - was für ein Spiel.

Es ist nur eine Frage von Ebenen. In jedem von uns existieren alle Ebenen, jeder kann dir eine andere Ebene zeigen. Und einige wenige Menschen können dir den Ort zeigen, an dem alle Ebenen verschwunden sind, und dann erkennst du, daß alles nur ein Spiel war. Ein notwendiges Spiel, aber trotz allem ein Spiel.

Als Michael in einem seiner letzten Seminare die Teilnehmer aufforderte, ihre Wahrheit auszudrücken, so wie sie sie in jenem Augenblick empfanden, ging jemand auf die Knie und berührte seine Füße. Was für eine Geste von einem erwachsenen Mann, aus heiterem Himmel, in Düsseldorf - nicht irgendwo im fernen Osten, wo dies ein bekanntes Ritual ist. Michaels Kommentar zu dieser schockierenden Handlung:

Ich bin als die Person Michael Barnett nicht im geringsten daran interessiert, daß irgend jemand auf der Welt sich mir unterwirft, sich mir hingibt. Was sollte ich mit solchen Leuten machen? Ich lebe schon mit meinen fünf Kinder, vier von den Müttern dieser Kinder, einem Enkel, einer Schwiegertochter, fünf Katzen und vielen Freunde an der *University* zusammen. Was soll ich da noch mit jemandem anfangen, der sich mir hingibt?

Es geht nicht darum, sich mir hinzugeben, es geht darum, sich selbst, so wie man *sich kennt*, aufzugeben; als Ego, als Persönlichkeit, als Identität, als Getrenntheit.

Und ob du dich einem Baum hingibst, der Natur, der Leere, dem Nichts, der Liebe - der wahren Liebe - oder dem, was du in einem menschlichen Wesen siehst, das einige oder alle diese Dinge repräsentieren kann... Es ist leichter, Leere in einem menschlichen Wesen zu erkennen, als Leere als abstrakten Begriff zu verstehen oder als etwas, das überall ist. Aber die Antwort ist genau die gleiche.

Dieser Mann berührte nicht meine Füße, sondern seine eigenen, die er in mir erkannte. Er berührte das Göttliche in sich selbst, die Wahrheit in sich selbst - die er in mir sah. Er kann sie nur deshalb in mir sehen, weil sie in ihm ist, und er ihr nahe ist - sonst könnte er sie nicht erkennen; ich wäre nur irgendein Mann.

Daß er etwas in mir sieht, das ihn dazu veranlaßt, auf die Knie zu gehen und meine Füße zu berühren, sagt einfach etwas über den Zustand seines Wesens aus.

Nur ein Buddha kann das Buddhatum in jemand anderem erkennen. Nur deine Wahrheit kann die Wahrheit in jemand anderem sehen. Wenn du jemanden als Träger der Wahrheit erkennst, oder sogar nur einer tieferen Wahrheit als deiner bisherigen, so ist das einfach deine eigene tiefere Wahrheit, mit der du noch nicht in Berührung gekommen bist. Du hast zuviel Angst, die alte Wahrheit loszulassen, hängst zu sehr an ihr, um sie loslassen zu können.

Aber du mußt irgendwie, ob durch Hingabe oder durch Erkenntnis, das Selbst in der einen oder anderen Form - *völlig* - aufgeben. Wie schön es auch sein mag, du mußt es aufgeben.

Denn es ist nur ein Hindernis auf dem Weg zur Einfachheit deines Lebendigseins, zur Gewöhnlichkeit und Schönheit des menschlichen Lebens. Es ist gewöhnlich, denn jeder hat es - ohne Ausnahme.

Wenn jeder und jede es hat, dann ist alles, was uns von anderen unterscheidet, ganz offensichtlich ein Hindernis. Wenn das, was jeder erreichen will, für jeden absolut das gleiche ist, dann müssen die Unterschiede zwischen uns - die nichts weiter als die Persönlichkeiten und die Identitäten sind - Hindernisse sein; das ist logisch.

Es ist, als ob jeder einen anderen Gartenzaun hat und sich auf der anderen Seite des Zaunes ein schöner, glitzernder See befindet, wo wir eigentlich zuhause sind. Der See verbindet uns, doch die Zäune trennen uns, und jeder Zaun ist anders. Und normalerweise unterhalten wir uns von Zaun zu Zaun.

Lilith hat fast sieben Jahre lang in verschiedenen Communities mit Michael zusammengelebt. Sie war auch seit der Gründung der University mit dabei. Nun verläßt sie zusammen mit ihrem Ehemann und ihrem Kind die University.

Wenn es im Leben Schritt für Schritt vorangeht, wenn es *nur* Schritt für Schritt vorwärts geht, dann endet es immer damit, daß man über die Klippe fällt. Das Leben kann nicht ewig weitergehen. Man kann nicht ewig einen Schritt vor den anderen setzen.

Aber es gibt ein anderes Leben, in dem man nie irgendwelche Schritte macht. Und weil man keine Schritte macht, fällt man auch nie über die Klippe.

Alles, was wir tun, bringt auch das Gegenteil hervor. Wenn wir uns bewegen, laden wir auch das Ende der Bewegung ein - was nicht das gleiche ist wie Ruhe.

Alles, was geboren wird, muß auch sterben. Es ist noch nie etwas in dieses Leben hineingeboren worden, das nicht gestorben wäre, und das wird auch nie geschehen.

Aber es gibt etwas Ungeborenes.

Und das Ungeborene ist unsterblich.

Sobald du es gefunden hast, kannst du dich bewegen, und du kannst über die Klippe fallen, und nichts wird geschehen.

Die Persönlichkeit ist Lärm, und das universelle Sein ist Stille. Wenn der Lärm aus dem universellen Sein kommt, ist es kein Lärm, er hat immer noch die Aura der Stille. Aber wenn der Lärm von der kleinen Insel im Meer - der Persönlichkeit - kommt, ist er laut. Und dann ist man nicht aufnahmefähig.

Wenn jeder, mich eingeschlossen, plötzlich alle Möglichkeiten sehen könnte, würden wir auf dem Weg, auf dem wir gerade sind, keinen einzigen Schritt mehr weitergehen. Keinen einzigen Schritt.

Weitere Informationen über
Michael Barnett und seine Arbeit:
die University, das internationale Seminarprogramm,
Trainings, Bücher, Videos und Kassetten

von

The Wild Goose Company Association
Postfach 315, CH - 8044 Zürich

oder

The Michael Barnett Energy University
Corso Belvedere 309-311, I - 28055 Ghiffa (NO)
Postadresse: Postfach 9, CH - 6614 Brissago
Telefon: (Italien) 323 59554
Fax: (Italien) 323 59729